# 高情商 HR 的底层逻辑

王萍◎著

U0126012

台海出版社

**图书在版编目（CIP）数据**

高情商 HR 的底层逻辑 / 王萍著 . -- 北京：台海出版社 , 2022.7

ISBN 978-7-5168-3329-2

Ⅰ . ①高… Ⅱ . ①王… Ⅲ . ①人力资源管理 Ⅳ . ① F243

中国版本图书馆 CIP 数据核字（2022）第 114694 号

## 高情商 HR 的底层逻辑

著　　者：王　萍

出 版 人：蔡　旭　　　　　　　　　封面设计：一本好书
责任编辑：魏　敏

出版发行：台海出版社
地　　址：北京市东城区景山东街 20 号　　邮政编码：100009
电　　话：010-64041652（发行，邮购）
传　　真：010-84045799（总编室）
网　　址：www.taimeng.org.cn/thcbs/default.htm
E-ma i l：thcbs@126.com

经　　销：全国各地新华书店
印　　刷：三河市嘉科万达彩色印刷有限公司
本书如有破损、缺页、装订错误，请与本社联系调换

开　　本：710 毫米 ×1000 毫米　　1/16
字　　数：170 千字　　　　　　印　　张：15.5
版　　次：2022 年 7 月第 1 版　　印　　次：2022 年 8 月第 1 次印刷
书　　号：ISBN 978-7-5168-3329-2

定　　价：69.80 元

版权所有　翻印必究

# 推荐序一

## 高情商：HR 事业开挂的秘密

　　HR 在企业中的作用重要吗？有不同的答案。说重要的，说明 HR 在企业中发挥着重要作用；说不重要的，说明 HR 的作用未能发挥出来。HR 为什么没有发挥好作用，据我多年的经验总结，一个优秀的 HR 应具备以下素质：懂业务，懂管理，专业技能突出，心大、心狠却心静如水，勇担当、高承压，容不得差错、忍得了委屈，情商高、善于沟通……

　　只有具备以上能力，他们才能在岗位上游刃有余，被大家高度认可，自己的职业才能有好的发展。一些企业在选拔 HRD 时，一切以业务导向找人，即从业务部门调人来管 HR，其实这样的案例成功的并不多，大都以失败而告终。因为这些人用业务的思维来管人、做事、做业务，却忽视了 HR 本身就是一个专业，需要有专业知识，更需要懂得如何与管理业务的人建立良好的沟通关系。把自己的想法、公司的方略装进他们的脑中，把他们的需求和想法转化吸收到自己的脑中，真正做到上下同欲，左右互动，目标一致，这样才能把 HR 做好，而要做到这点就必须拥有高情商。

　　在 HR 行业的这些年里，我看过很多书，看到朋友圈的 HRD 们在不断变换自己的头衔，大都是平级流动，上升的不多，降职、转行的却不少。大家起伏变化的原因有很多，其中一部分就是"情商在作祟"。情商高可以润滑 HRD 前进的车轮，助他们高速运转而不磨损。

一个高情商的人一般都具有以上的特点，而情商低的人往往自我封闭，不与人交流，甚至拒绝交流，这样的人在职场肯定不能呼风唤雨。平台上升，他们如风箱老鼠，两头受气。如何有效解决情商低的问题，我们可以借助外力来改善、提升。

王萍老师正是基于这个痛点，14 年来一直潜心研究情商这门学问，并聚焦于高情商 HR 底层逻辑的研究，通过访谈多家企业、众多企业 HR 管理者，提炼众多管理场景、HR 管理痛点，从业务的视角、人性的角度，撰写出《高情商 HR 的底层逻辑》。

这是一本来自实战场景，理论体系比较完善且能学以致用的经典好书。人们心目中的 HRD 是什么样？当然都希望他是一个八面玲珑、十八般武艺样样精通，在与人交流中什么疑难杂症皆可化腐朽为神奇的"神人"。如何能成为这样的"神人"呢？王萍老师这本书很好地告诉了我们答案，从基础环节的高情商 HR 自我管理、向上管理、向下管理和平行协作，到高阶的 HRD 必备技能。

HRD 能做到上下左右的沟通，还能用情绪资源推动敬业度，那他就成为"六边形战士"了。因此，王萍老师的这本书从内容设计上就与众不同，有独特的视角，紧紧抓住 HRD 们的困惑。通过书中的技法，松绑了 HRD 的束缚；掌握了这些知识，就可以大胆地去做各种沟通。

该书不仅教会了 HRD 的技术，更解放了 HRD 的思维，解放"三脑"，即"CEO灵魂之问""用业务大脑来思考""懂比爱重要"，这样的观点较为新颖，也非常切题。其实一个HRD为什么做不了管理，"挟泰山以超北海，此不能也，非不为也，为老人折枝，是不为也"。"不为"就是心里作祟，是大脑的问题。解放大脑则解放了胸怀，有了胸怀自然可容大海，何愁移不动管理道上的"泰山"。

观今鉴古，每一位有成就的人士，无不都是高情商的人，否则他怎么会笼络一帮志士与他一起共创伟业呢？忽视高情商，等于你忽视了好资源，丢失了自己成功的助力器。不重视情商管理，导致你的情商下降甚至让你变成低情商者，你就会"心中无他自为大""眼中自我天下黑""心无绿洲眼沙漠"，这样的人注定不会成功，也不可能去管好人，更无缘成为一名优秀的HRD。

一本好书如一杯好茶，细谈细品才知其好味，王萍老师的这本书就如一杯好茶，让走在HRD道路上的同行者，细品出自己欣赏的人生。

北汽福田汽车股份有限公司副总裁

潘平

# 推荐序二

## 让高情商为你打开高效管理之门

首先非常感谢本书作者王萍女士诚邀我此次作序，本人从事投资领域工作二十余载，经历过很多企业的创业成功，不乏多家已上市公司，也遇见不少人创业失败，借本书主题"高情商沟通与管理"，浅谈一些在组织行为中的体会。

作为生物技术及医疗健康领域的 VC 创投机构，我们在投资早期项目的时候，除了评估创始团队过往学习和工作经历与创业方向的匹配度、核心产品的竞争格局等业务角度以外，有一个更为重要的指标是对人的评估，主要看三个关键点：创始人的领导力、创始团队的执行力、创始团队 All In 的精神。因为一流的团队做一流的事情，成功的概率会大幅度提高，而一流团队定义的关键在于上述三点。

学术界和工业界同样都有较深造诣的不同科学家团队，创业成果有时会大相径庭，很大程度上就是因为领导力、执行力和 All In 精神差距甚大，而这与高情商沟通和管理息息相关：将一家企业带到一个相当高度并能保持可持续增长的创始人，他的领导力一定是多元化的，其"温柔而坚定"的情绪力则至关重要；高执行力的创始团队往往需要建立良好的内部协作机制，而既勇于觐见又恰到好处的相互沟通十分关键；All In 精神如果已经成为一种企业文化，其底层逻辑必然是强烈的目标使命感和工作成就感，同样也需要精神情绪的不断建立和强化。

所以，无论当下我们处在哪家企业，企业处于哪种阶段，只要还在创新、创造、创发展的过程中，大家都有必要去学习或了解"高情商沟通与管理"，这可以帮助您提升不同情形下的事件处理能力。

作为一位拥有 14 年培训经验的职业培训师，作者王萍通过对书中 21 个案例进行比较分析，来讲解高情商，案例全部来自真实场景，突破了很多关于如何提高情商的书籍"飘在空中"的瓶颈。其中，一部分案例源于作者线下培训中的现场案例剖析，一部分源于作者私教学员的职场难题辅导，还有一部分源于作者对企业 HR 访谈中的棘手问题。另外，书中的理论有原创也有沿用，让读者阅读时既觉得高大上，又感觉接地气。原创如"双 C 模型""艰难谈话三步法"，其记忆性与实用性，丝毫不逊色于任何前人的理论；而沿用如"沟通漏斗""情绪 ABC 理论"，其生动性与实践性，在我看来更胜于原创者的解读方式。

无论您是企业的创业者，还是中高层，甚至是普通员工，读完这本书，若您能将书中的精髓深度掌握并运用于日常工作与生活中，相信您必将有所收获，也许您通过学习高情商沟通与管理，可以开启一扇在职场上泰然自若且得心应手的心灵之门！

怀格资本创始合伙人

王锴

# 自 序

## 作为情商讲师，我为什么将
## 人生中的第一本书定位于高情商 HR

### 我所体会的 HR 的现状

在我过往 14 年的职业讲师生涯中，我去过央企、国企、外企和私企，教过的学员有新人、主管、高管、CEO，岗位有销售、客服、IT、财务，我甚至在企业大学也教过课，但我印象最深刻、交往最频繁的就是各类企业的 HR，因为 HR 决定或左右着我的课程是否能进入该企业，所以最开始 HR 都是我的"甲方"，但随着我的情商课程进入企业并深入人心之后，我开始有机会了解"甲方"华丽的外表下苦涩的内心……

## 1. 与日常有关的郁闷

随着我和 HR 的深入交往，除了那些直接与培训相关的苦水，我还有机会听到他们更深入的吐槽……

### 场景一：业务老大说要开人，自己不动手，非要 HR 出手，我们总是做得罪人的事！

市场总监要开掉一个刺儿头员工，发邮件邀请 HR 直接来谈解聘。我们说"您的权限其实可以不需要通过 HR"，他回复"考虑到这个员工的解聘还涉及竞业协议，会比较麻烦，烦请 HR 通过专业的方式来处理，谢谢"。

"谢谢"这两个字真的是意味深长啊……

### 场景二：老板制定了新规则，部门负责人都不配合执行，最后归为 HR 办事不力！

老板提出"员工晋升的人力成本"问题，让 HR 制定了"两次晋升之间不能低于三年"的新规则，而我们下达新规则时遭到各部门负责人的"炮轰"：什么破规定，你们 HR 懂不懂，现在要留住得力干将不给晋升还能给什么？如果没到三年他要提离职，我们怎么办？！

好吧，我们最后回复老板时还得挨批……

**场景三：都说人才发展重要，HR殚精竭虑完成了方案，老板问能带来多少收益！**

高管会议上的三年规划，老板特别强调了人才发展的重要性，于是，会后我们整合了三方机构和OD（组织发展）专家的建议，做出了符合三年规划的人才发展计划，并提出预算申请，此时，老板瞄了一眼方案，只问了一个问题："这笔投入能带来几个点的营收增长呢？"

于是，我们三个月的努力就此悠然地画上了句号……

## 2. 与培训有关的苦涩

**场景一：明明是满足业务部门的培训需求，怎么到头来反倒成了他们配合我们？**

培训考勤的KPI往往不由业务部门承担，而是由HR负责，所以，一到培训现场我们就得承担催促和提醒的工作。这项工作本身没什么问题，有问题的是当有人未按时培训，我们催促、提醒，甚至惩罚了，业务部门的老大和员工就不乐意了。

他们更应该思考：自己嘴上说培训很重要，可真正开始培训时为何又把培训自动排名最末？

**场景二：明明是他们说要找"大咖"来培训，怎么我们千挑万选请来后却又不落好？**

销售总监提出团队业绩需要提升，希望聘请销售领域的"大咖"来培训，我们赶紧联系培训机构开始挑课程、选讲师。这两天培训的挑选标准与流程，绝对不亚于任何一项百万预算的筛选标准作业程序，结果"大咖"讲完课，他们却轻描淡写地评价了八个字：讲得不错但不落地。

我们 HR 也太难了！

**场景三：明明是他们提出以融合为主，怎么培训结束却又跟老板告我们的状？**

几位业务负责人联合提出"跨部门协作"的需求，还特别说明"培训为辅，融合为主"。难道拓展培训不是最符合要求的吗？于是，我们千辛万苦地实地考察并挑选供应商，可谁承想拓展结束后，几位负责人跟老板告状说"平常工作已经很累了，HR 居然还安排这么折磨人的拓展，居心何在"！

我们 HR 也太冤了！

## 3. 与 HRD 有关的困惑

**场景一：业务部和支持部起冲突，老板拍板后让 HRD 去辅导，结果他们并不领情，还说我不懂！**

假设销售和生产经理因发货问题吵了一架，最后必然搬出了老板，当老板定夺后找来 HRD："你得干预一下，让他们以后能好好合作。"说实话，这要求真不过分，可问题是，我尽心剖析他们各自的问题后，他们不仅不承认，还说我不懂业务！

场景二：为提高员工敬业度，开展了盖洛普 Q12 敬业度调研，老板看了结果后问 HRD 员工敬业度为何这么低！

提高员工的敬业度是 HRD 的重要责任，当老板看到盖洛普调研结果，哪怕是匿名形式的部门平均分，都多半会用疑惑或质疑的眼光审视我："为什么员工福利这项支出每年都在提高，但敬业度却这么低呢？"说实话我也很无语！

场景三：作为 HRBP 的老板，辅导他们做好人事与业务之间的平衡，何其之难！

HRBP 是人事与业务之间的桥梁，除了快速响应业务的需求，更需要平衡好业务与人事之间的关系，大多经验丰富的 HRD 有能力做好平衡，但要辅导好 HRBP 做到经验的萃取与传承，而且还要让 HRBP 认为自己的工作不憋屈，对 HRD 来说很有挑战！

总之，HR 简直太难了，累死累活不说，自己的 KPI 没完成是问题，可其他部门的 KPI 没完成，好像也是 HR 的问题！更可气的是，居然还有很多人说 HR 是门槛最低的岗位，谁都能做 HR！就连 HRD 似乎都低人一等，跟平行部门的负责人相比，最多能和行政总监相提并论。

唉，就两字：命苦。

## 我能带给 HR 的未来

"命苦"的 HR 应该拥有怎样的未来，这是我经常思考的问题，在我看来，HR 是企业中最特殊的岗位，特殊于：有机会和公司内部的所有人打交道，而且还要为所有人负责；关系着除老板外所有人的去留与发展，既可能被所有人巴结，也可能被所有人吐槽；手握与人相关的权责，有可能成为老板身边最信赖的人，也有可能成为公司里最没有存在感的人。所谓"成也萧何，败也萧何"，HR 可能比任何岗位都更拥有成就感，也可能在公司内部最没有存在感。你希望自己的职场未来是怎样的一幅画面呢？

如果你渴望不再有如履薄冰之感，反而还能游刃有余地处理各种麻烦事，同时在平行部门中拥有如鱼得水般的人际关系，而且还是 CEO 眼里具有话语权的红人，那么，这本书就是让你通往这条道路的宝典。因为我会由内而外地为你赋能，所谓的"内"，指的是内在力量，如何通过翻转信念拥有积极情绪；所谓的"外"，指的是外在能力，如何通过情绪双赢拥有漂亮地解决问题的能力。

## 关于这本书我还想对你说

这是我作为 14 年职业培训师的精华笔记，以实战为核心的方法论，其中的案例一部分取自培训课堂的案例解析，一部分取自私教学员的案例辅导。

如果你是 HR、HRM、HRD,请务必将它读完,并好好去践行。同时,如果你还能送几本给同行或公司的管理者,相信我,他们一定会感谢你。

我的很多高管学员告诉我,这本书非常适合作为管理层的共读教材,尤其是敬业度的部分,"共读 + 研讨 + 培训"能够卓有成效地提升组织凝聚力。

如果你通过践行这本书中的方法取得了好成绩,请一定要告诉我,我的私人微信号:Ke1sister,视频号:可 E 姐情商,公众号:可 E 研习院。

# 前　言

## 以人为本的时代，HR 必备的六大模块以外的情商力

### 1. HR 需要拥有洞察问题根源的判断力

#### 一个低情商案例，还原职场的典型问题

销售接到了客户临时需要提前发货的电话，销售听到跟合同要求不一样，肯定有情绪，但面对甲方，有情绪也必须忍，所以，销售此时往往只能挤出笑容，说"我尽力、我想办法"。挂了这通电话后，销售直接拨通了生产部门同事的电话："兄弟，帮个忙，那批货给我提前一个礼拜发。"那边回答两个字："不行！"瞬间，销售的脾气就上来了："为什么不行？我跟你说，这个客户可是我搞了半年才搞下来的……"

销售叽里呱啦又说了一堆，对方仍然淡定地回答"不行"！这下销

售的火更大了，狠狠挂掉电话之后，直接找经理哭诉。于是，第二轮，销售经理对战生产经理，而如果这两位都是不好惹的角色，再接下来，第三轮肯定就捅到了总监或大老板那里。越到高层越得拍板，如果你是老板，你会判谁赢呢？

关于这个问题我采访过很多线下学员，几乎无一例外都说"销售赢"！为什么呢？因为销售在企业内部基本上都是甲方角色。

老板拍完板叫来了HRD："销售部门和生产部门总是这样搞事情，你去好好解决一下，看看为什么他们总是不能做到跨部门协作！"

看到这里，多半你已经扑哧一笑，但如果你是HRD或HRM，估计你会哭笑不得，毕竟这样的问题，几乎每个企业都存在，但要解决何其之难！回到销售部门和生产部门的冲突，若让他们各自回顾这段失败的沟通，他们都会认为冲突源于到底应不应该提前一个星期给客户发货这个问题，可是这真的是冲突的根源吗？显然不是。同样是这个问题，换一个销售或换一个生产部门的员工，也许就可以愉快地解决，但为什么类似的案例在任何一个行业、任何一家公司，都会频频出现呢？

**用高情商视角，洞察问题的真正根源**

我相信作为一名HR，你在工作中，目睹上述跨部门合作场景的机会一定不低，甚至还有可能遇到老板拍完板，让你去善后的尴尬情境，为什么我会用"尴尬"来形容呢？因为，此刻于你而言，真的是左右为难，这"善后"到底应该纠谁的错？如何纠呢？

无论是在工作中还是生活中，当我们回顾一段极其失败的沟通时，我们的脑海中更容易蹦出来的是双方观点的迥异，比如，这批货到底是应该提前一周发，还是按合同约定发；面对客户的投诉，到底是销售部承担责任，还是物流部承担责任；面对孩子的磨磨蹭蹭，到底应该用红脸策略还是白脸策略。其实，这些分歧并不重要，真正重要的是在沟通过程中，一方或双方的情绪，这才是真正决定这段沟通走向成败的要素。

如前所述，沟通崩盘往往不是因为两个人的观点不一致，而是因为两个人在沟通的过程中，因抵触的情绪而导致沟通崩盘。为什么情绪才是罪魁祸首？因为"你让我不满，我就不愿意听你的"！我们回到上述案例：如果这个问题摆到了 HR 面前，或者闹到了老板那儿，老板请 HR 经理出面解决，你该怎样处理呢？

销售在电话里趾高气扬地对生产部的同事说"赶紧提前一个礼拜发货"。生产想的是：什么？哎哟，又来搞事情，你以为我们生产部就是被呼来喝去，计划随便就可以改的吗？！而销售面对生产部两次淡定的回答"不行"，想的是：我每天被客户搞来搞去，你们不是支持部门吗？你们到底在这支持什么了！

所以，从销售的角度来解析，任何一个行业中前端打仗部门和后端支持部门之间的冲突根源在哪儿呢？那就是销售认为，在外面日晒雨淋地抢订单的人是我，在空调间点点鼠标的人是你，可是你每天都跟我说"不行"，问题是赚钱养家的人是我，此刻我不虐你虐谁？类似的跨部门冲突就是因为销售觉得自己从未被支持。

当然我也知道支持部门的人内心会无比委屈，难道支持代表的就是迎合销售吗？当然不是，在我解析什么才是高情商的沟通力之前，我们先明确一点：**沟通崩盘的真正原因，不是存在分歧的观点，而是抵触的情绪。**于是，就算一方说得再对，另一方也不愿意接受。

因此，当你具备了高情商的视角，未来你在纠错前才能真正洞悉问题的根源。事实上，纠错并不是重点，而是你要有能力让双方真正看到自己的问题在哪里。如果你只是就事论事地剖析"观点"的分歧，那么双方都会不服，但如果你能让他们感受到为什么对方会如此不满，那么理解的按钮才有机会启动，双方才有可能达成共识。否则，双方都会搬出充分的理由来说明对方的无理，而留下一个尴尬的你在火药味中摇曳……

## 2. HR 应具备"鱼和熊掌可以兼得"的思维力

问题可以漂亮地解决，其实就是在利益和关系有冲突的前提下，更好地平衡并找到双赢方案。就好比上述跨部门的案例，我们常会认为部门不同、利益不同，必然会引发分歧，HR 往往处在双方有利益冲突下还要双方保持关系良好的尴尬场景，这似乎是鱼和熊掌不可兼得的关系。可是，在情商的世界里，鱼和熊掌可以兼得。那如何在二者有冲突时仍能够去化解呢？其实就是掌握好"情绪"这条线。换言之，观点或利益可以有分歧，但是如果拿捏好了双方的情绪，那我们仍然有机会让双方平静甚至愉快地达成共识。

### 3. HRD 必备的提升全员敬业度的推动力

> 1. 我知道工作对我的要求吗？
>
> 2. 我有做好我的工作所需要的材料和设备吗？
>
> 3. 在工作中，我每天都有机会做我最擅长做的事吗？
>
> 4. 在过去的七天里，我因工作出色而受到表扬吗？
>
> 5. 我觉得我的主管或同事关心我的个人情况吗？
>
> 6. 工作单位有人鼓励我的发展吗？
>
> 7. 在工作中，我觉得我的意见受到重视吗？
>
> 8. 公司的使命目标使我觉得我的工作重要吗？
>
> 9. 我的同事们致力于高质量的工作吗？
>
> 10. 我在工作单位有一个谈得来的朋友吗？
>
> 11. 在过去的六个月内，工作单位里有人和我谈及我的进步吗？
>
> 12. 过去一年里，我在工作中有机会学习和成长吗？

图 0-1　盖洛普 Q12 员工敬业度调查问卷

　　盖洛普 Q12 员工敬业度调查问卷，相信你一定不陌生，员工对问卷中的这 12 个问题从 1 ~ 5 打分，然后取平均值。每次报告结果都说明，无论是中国，还是其他国家，事实上高敬业度的员工都是少数，而中国在 2012 年还曾以 6% 垫底。为什么历来以"勤劳勇敢"著称的中国人，会拥有如此低的敬业度呢？作为企业的 HR，我们必须先理解敬业度的定义是什么。所谓高敬业度指的是，员工在智力和情绪上有相当高的投入度，他们对结果有承诺。敬业度的关键词是智力和情绪，与勤劳无关，这就是为什么一周加三天班的员工也未必敬业度高的原因。

那么问题来了，管理者最难提高的，到底是员工的智力还是情绪呢？这个问题我也采访过我的线下培训的很多中高管，无一例外，他们的回答都是"情绪"，因为智力既包含与生俱来的智商，也包含后天与职业相关的技能。显然，员工的智力与管理者无关，而员工的情绪，管理者虽可以提高，但坦白地说"情绪"这个要素提高起来相当难。

盖洛普 Q12 员工敬业度调研的大部分问题，其实都是针对员工感受而设计的，换言之，如果管理者越能激发员工的积极情绪，员工的敬业度就会越高。

企业日常为了推动员工的敬业度而做的努力，比如：升职、加薪、福利、放假和团建，实际上多半不太会奏效，或者说，效果很短暂，企业真正应该做的是提升管理者的情商领导力。所以，如果 HRD 能够成功推动管理层的情商领导力，那么，全员的敬业度均值一定会提升。

## 本书的理论依据与章节脉络

### 1. 情商认知的常见误区与正确姿势

**常见误区的两点风险**

"高情商就是那些特别会说话的人"，我相信你对这个观点应该很熟悉。的确，人们判断一个人的情商高或低，基本就是看他"会不会说话"，但实际上，这样的判断是有风险的。

"会说话"这三个字说得通俗一点，就是搞定他人的能力比较强，但风险之一是：我搞定了他，但我心里不一定舒服！比如，销售搞定了客户，签完了单，可是自己心里不一定痛快；HR搞定了业务部门的需求，但自己心里很憋屈。风险之二是：他被我搞定了，但他心里不一定舒服！我曾听过不同行业的客服电话内容，我发现有一部分投诉电话，是客户用巨大的负面情绪压垮了客服，然后客服没办法，只能破例为客户做了申请，解决了问题。但是客户可能还是不高兴。看似用沟通解决了的问题，但只要有一方不痛快，那就会陷入仅关注"会说话"的风险。

### 情商认知的正确姿势

真正高情商的"会说话"需要遵循四个字：情绪双赢。意思就是双方或愉快或平静地达成共识，但我相信你应该没有听过这四个字，因为我们日常更多知道的是"沟通双赢"。

现在我们来探究一下职场中三类关系的沟通：第一类，你和老板意见严重分歧，谁赢？此刻你肯定不假思索地说"当然老板赢"，这是HR不需要安排培训，人人都懂的问题；第二类，你跟外部客户沟通，意见分歧特别大，谁赢的概率大？这个问题我采访过很多线下培训的学员，大部分人的回答是"客户"，因为只要客户是甲方，你是乙方，多半都是甲方获胜；第三类，你和你的平级同事沟通，意见迥然，这个时候谁赢？线下学员此刻的表情往往开始变得"诡异"，归根到底一句话，谁嗓门大谁赢！

所以，沟通大多数都是单赢，弄得不好还会双输。双输的沟通指的是沟通结束后，我们看似已然达成了共识，但其实双方心里都很不痛快！高情商的沟通力往往表现在未来面对分歧，你拥有愉快或平静地与他人达成共识的能力。

### 2. 两大核心能力，揭开情商的神秘面纱

心理学家把智商以外的诸多能力都涵盖在了情商当中，情商之父丹尼尔·戈尔曼用 5 个板块来解析情商，我从便于归类和记忆的角度，将情商归为英文的两个"C"，第一个 C 是对内的 Control，也就是驾驭情绪，第二个 C 是对外的 Communication 也就是人际沟通。

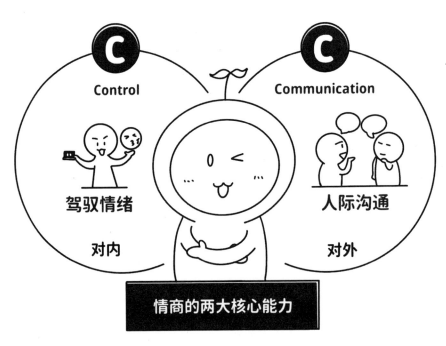

图 0-2　情商两大核心能力

## Control——如何理解驾驭情绪

也许你的心中会冒出一个问号：Control 这个英文单词不是应该翻译为"控制"吗？但为什么刚才我翻译成"驾驭"呢？因为它可以拆解为控制情绪 + 管理情绪。那么，控制情绪等于管理情绪吗？你肯定说"不等于"，但问题是，虽然日常生活中我们嘴上都在说"情绪管理"这四个字，可我发现多数人心里想的仅仅是"情绪控制"。

曾经，我时不时地问线下学员一个问题："你觉得自己是一个情绪管理能力强的人还是弱的人呢？"大部分学员都跟我说："老师，我觉得自己还可以啊，尤其在工作中。"听完这个答案，我笑笑说："那后半句话我是否可以理解为，在工作中你更能忍呢？"得到的往往是肯定的答案。你看，这就是人们对情绪管理的真正理解。

事实上，情绪管理是第二步，而情绪控制是第一步，你在能控制情绪的基础上才能积极管理情绪。控制就是忍住不发飙，但管理是化消极为积极的一种能力，所以，管理的境界肯定比控制要高，但是请记住，控制是第一步。

心理学家通过研究得出一个结论：相较于职场，人们更容易在生活中失控。这是为什么呢？

因为在工作中你很清楚地知道，情绪失控会造成很严重的后果，比如，同事间冲突可能会让老板不满；客户投诉你可能会被"炒鱿鱼"。但是在生活中人们本能地会认为：我再怎么发飙，也没什么后果，孩子终归不会因为我骂了他，就不是我的孩子了。这就是为什么人在生活中拥有好的亲密关系，比在职场中拥有好的人际关系更难。因此，在这本书里，我也会举一些生活中的案例,让我们未来也能够更好地与家人相处。而且,我在此可以大胆预测:如果你处理亲子关系的能力提升了,那你在职场中向下的管理能力也一定会大大提升!

我们回到职场来深聊"控制情绪",情绪控制好了,不发飙,是不是等于问题就能很好地解决了呢?当然不是,你还记得之前销售部和生产部的冲突吗?当销售接到客户要求提前发货的电话时,心里明摆着是有情绪的,但是他忍了,忍住了情绪接下来的结果是什么呢?就是引发了后续一系列的跨部门冲突。所以,我们更需要在"忍"的基础上,真正拥有积极管理情绪的能力,这样你的沟通才会变得不一样。我在线下培训中,经常和销售岗的学员分享:高情商的销售,从来不做"二传手",他们会先管理好客户的期待值。比如,销售接到客户电话后会这样说:"提前发货确实会对我们的生产计划有很大的影响,但是我也理解您那边一定出了一些状况,所以我可以详细了解一下吗?我来看看有没有其他方法同样可以解决您的问题呢?"

## Communication——沟通高手的强大理念

上述高情商销售的那段沟通,你一定觉得确实不错,可是你知道沟通真正"不错"的前提是什么吗?那就是高情商销售不会因为听到客户临时调整计划,而一下就有情绪!因为在高情商的人的认知世界里,他非常清楚地知道以下这条理念:所有的负面事件背后,隐含着一个正面动机。怎么理解呢?客户要提前发货这件事,对销售来说是一个不期待的负面事件,人们一听到负面事件,本能地就会有情绪,因此销售瞬间产生的一个想法是：他又要来搞事情！而高情商的销售想的是：他应该出了些状况，客户临时改变发货时间的背后，一定有一些站在他的角度的合理原因，所以我可以去深入了解并帮助他解决。

当我们的心里想法不一样，我们的情绪就会变得不同。当销售认定，客户就是一天到晚无理取闹、胡搅蛮缠的，他一听到变化就会有很大的抵触情绪，但因为不敢发飙，所以就把情绪发泄到了内部支持部门的同事。而当他内心的想法是上述高情商的思考，他才会带着好奇而非抵触的情绪去了解状况。

高情商的沟通力，非常重要的一个前提，就是你能够在控制情绪的基础上，拥有积极化解情绪的能力，如此一来，你才能拥有平和甚至积极的心态去面对负面事件。于是，你会惊讶地发现，自己解决问题的能力提升了。所以，沟通是你看得见的一个能力，而情绪管理是隐藏在其后更强大的一个能力，这也是为什么高情商的人，他们总能够漂亮地解决问题，这个"漂亮"指的是：既不让自己失控、发飙，又能让对方情绪比较平和，同时还能把问题和谐地解决了。所以，**不委屈、不迎合，有能力说出自己的心里话；不争吵、不失控，还能照顾对方的感受，这才是真正意义上的高情商。**

总之，高情商绝不仅仅只是会说话，它是一种倍增你专业技能的硬核武器，让你拥有既能把事件摆平，又能把关系理顺的"超能力"。一名优秀的高情商 HRD 能够辅导管理层的领导力，加速企业内部的凝聚力，提高全员的敬业度，还坐拥 CEO 的支持。敲黑板：**专业技能过硬，但情商不在线，那么一切归零。**

### 3. 迈向高情商 HRD，本书为你设计的路径

本书的脉络并不复杂，分为基础和进阶两大篇章，基础篇《优秀 HR 的实战运用》，进阶篇《通往 HRD 的必备技能》。实战运用篇分为四个章节，分别是自我管理、向上管理、平行管理和向下管理；必备技能篇也分为四个章节，分别是思维模式、洞悉问题、辅导能力和敬业度。

每个章节都会以案例和场景来切入，然后进行问题剖析和方案解析，所以内容通俗易懂，又相当接地气。而且，每章绝不仅仅以 HR 的视角来展现问题，而是以高情商所关注的"人性"为视角，让处于人力资源或非人力资源岗位的你，因为掌握了"人性"而拥有"温柔而坚定"的情绪力，以及"敢说而不得罪人"的沟通力。敲黑板：**高情商 HR="温柔而坚定"的情绪力 + "敢说而不得罪人"的沟通力。**

# [目录] CONTENTS

基础篇
## 优秀 HR 的实战运用

进阶篇

# 通往 HRD 的必备技能

# 01

# 基础篇

## 优 / 秀 / HR / 的 / 实 / 战 / 运 / 用

成为一名优秀的 HR，首先要成为一位高情商的职场人，高情商的职场人最重要的一项能力，就是拥有驾驭自己情绪的能力，这是前言中我们提到的第一个 "C" —Control，即情绪驾驭力，它包含两层，控制情绪和管理情绪，换言之，单单 "忍" 而不发飙，并不是高情商的展现，你更需要拥有化消极为积极的能力。而且，只要你拥有高情商驾驭情绪的能力，你的第二个 "C" —Communication，即人际沟通力自然就会倍增。

因此，在本篇的第一章 "自我管理" 中，我会深度解析情绪与沟通之间的关联，然后再为你展现驾驭情绪的理论和方法，之后我会在 "向上管理" "平级管理" 和 "向下管理" 这三章中，以案例为切入点，剖析其背后为人所忽略的真实原因，并为你呈现高情商解决问题的方案。

为什么开篇是自我管理呢？因为只有你有了敏锐的觉察力，并获得了相应的掌控力，才能够提升对他人的影响力。尤其 HR 在企业内部是最特殊的岗位，有机会和各个岗位甚至每个人发生关联，如果你不希望自己只停留在服务或配合其他部门的角色上，更希望展现 HR 的专业度和影响力，那么，自我管理篇的情绪主线与三大工具，将是助你迈向这个目标的核心理论基础，之后的向上、平行与向下管理篇则为你开启实战环节。

# 第一章

## 高情商 HR 的自我管理

· · ·

　　既然自我管理是迈向成功的基础，那么，到底哪些板块属于自我管理的范畴呢？从情商的角度，人们可能最容易联想到的就是自我情绪管理，但我认为这是一个高阶能力，因为它不是忍而是化解。所以，在达成这项高阶能力之前，你必经历以下三个思维迭代的阶段：情绪虽然看不见摸不着，但它为何是沟通和解决问题的关键按钮；沟通常常"沟"而不"通"，到底谁应该为这糟心的结果负责；想拥有高手的沟通力，你的底层逻辑应该打下怎样坚实的地基。这三阶段通关成功，你才能顺畅地进入"高手底层逻辑的楼宇搭建"阶段，也就是成为有情绪但又情绪平稳、讲事实但又相当走心的高级感满分的职场红人。

　　因此，第一节的"情绪认知"是贯穿全程的主线，之后三节的"沟通失败由谁买单""底层逻辑入门篇"和"底层逻辑进阶篇"，将为你呈现三大颠覆思维的模型与工具，让你带着全新的自己进入第二章的实战篇。

# 你的沟通为何总陷入崩盘或尬聊

**请你带着这些问题阅读**

· 就事论事，你认为真的可行吗？

· 裁员面谈，HR 如何能掌控局面？

· 安抚情绪，你是真正的高手吗？

纽约大饭店曾经有这样一句名言：When you come to hotel, please lock your emotion at home。意思是，当你来饭店工作时，请你将情绪锁在家里。

如此高大上的一句话，从情商的视角来看可谓"没有人性"，为什么呢？如果你是一个正常人，有多大概率能做到"前一秒和家人大吵一架，后一秒则斗志昂扬地投入工作"呢？同理可推，在职场无论对外还是对内的问题处理中，明明双方已经陷入了剑拔弩张的地步，又有多少人可以做到"撇开情绪只谈事件"呢？

## 沟通中弄丢了情绪是何结果

"为了设定的目标，把信息、思想、情绪在个体或群体间传递，并达成一致的过程"，这是管理学家对于沟通的标准定义。我们先聚焦"信息、思想、情绪"这三个要素，如果我问你：在日常沟通中，你更关注传递的是什么呢？我猜想你多半会选择"信息"，可是，我邀请你再回看这三个宾语之间的关系，我相信此刻你开始意识到它们应该是并列关系，所以，从理论上来说它们是同等重要的。由此，这也带给了我们一个重要的思考题：沟通为什么总是"沟"了不"通"呢？因为我们忽略了其他两个因素，尤其是"情绪"。在你未来的沟通中如果忽略"情绪"的影响，其结果就是你想传递的"信息"一定会大打折扣。

比如，在生活中我们特别容易这样与孩子沟通："你为什么不好好吃饭？""你为什么不好好写作业？""你怎么今天又被老师批评了？"这些完全不需要孩子回答的反问甚至是质问，传递着浓浓的批判与指责，孩子听了一定会很郁闷、生气，甚至委屈，而这些情绪的损耗正是沟通无果的原因所在。

再比如，工作中你遇到下属负责的培训项目，被业务部门评分很低，你会不会这样对下属说："为什么这么糟糕？课前需求你到底有没有认真调研？"此刻你说话的分贝多半比上一个场景中对孩子的要低，表情也多半比对孩子的柔和，所以你会觉得自己没有情绪，但是很遗憾，下属体会到的仍然是浓浓的指责，由此，接下来他的回答基本就是找各种借口，于是，你的内心更抓狂。请记得：**沟通中弄丢了情绪，其效果一定大打折扣！**

## 沟通中只关注"事件"有何后果

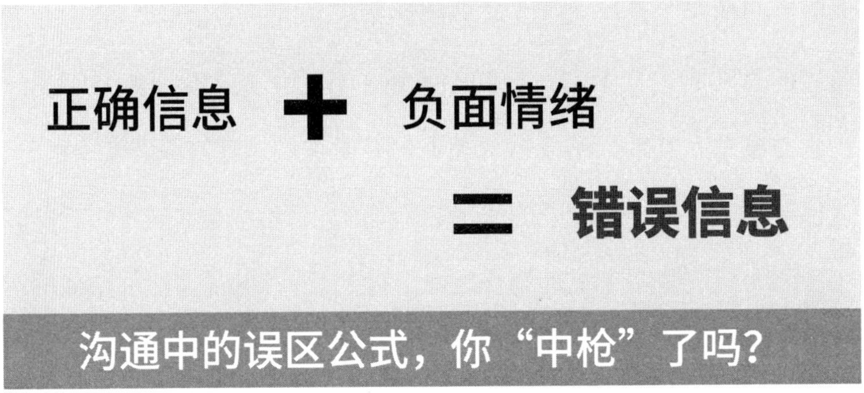

**正确信息 ✚ 负面情绪 ＝ 错误信息**

**沟通中的误区公式，你"中枪"了吗？**

图 1-1 沟通误区公式

与沟通定义如孪生姐妹般的沟通误区公式：**正确信息 + 负面情绪 = 错误信息**，你是否会惊讶，为什么正确信息叠加了负面情绪，居然会变成错误信息呢？举一个我写书阶段访谈一位 HR 经理的案例。

## 案例背景

2003 年的一次收购，我们和被收购方的总部磨合了三个月，进展顺利，于是，我被派往对方的一家分公司谈裁员，准确地说应该是裁撤整个分公司，可想而知，我当时的压力已经大到把 110 设为了自动呼叫号码。印象最深的是和一位年轻的小伙子谈判，他当时新婚且妻子怀孕，得知裁员后几乎崩溃，因为正赶上非典，找工作很不容易。他虽没有对我动粗，但他呜呜的哭声更令我心如刀绞。

看着他痛苦的样子，我也忍不住哭了出来："我也不想裁掉你，但是真没有办法，这是公司的统一决定。"虽然最后任务都完成了，但是我很难受，甚至有一种自责的感觉。

## 问题剖析

听了这位 HR 经理的描述，我其实特别能理解她的那种无力感，所以当她问我类似情景到底如何共情时，我是这样回答的："裁员对 HR 经理来说就算再有经验也是一种巨大的挑战，几乎每一秒都在面对员工崩溃的情绪，共情如何进行在我看来是第二步，而第一步是先弄清楚我们日常说出来的话为何如此无力。

"'我也不想裁掉你，但是真没有办法，这是公司的统一决定。'这句话是你的心声，也几乎就是事实，而且就信息而言似乎也没毛病，但为什么员工听完依然很崩溃、经理说完同样很无奈呢？因为这句话看似很正确，但妥妥地传递着负面情绪，言下之意'我无能为力'，所以丝毫起不到安慰人的作用。"

"还真是哦。"她点点头。我继续说："但问题是，你说这句话的时候，是想安慰他的，对吗？"她更用力地点了点头。

那为什么没有起到安慰人的作用呢？其实，这就是误区公式的作用，"正确信息 + 负面情绪 = 错误信息"，她说的那句话就信息而言没错，但传递给对方的是"无能为力、帮不了你"的负面情绪，而对方理解的"错误信息"有两种：第一种，你跟公司一个立场，反正就是对我见死不救，我斗不过你们，只能无奈离开；第二种，你说不想裁我完全都是官话，其实跟公司一样都是对我落井下石，我一定要和你们鱼死网破！

幸好，那位被裁的小伙子是第一种，否则这位 HR 经理真的需要自动呼叫 110 了。我相信此刻的你，无论有还是没有裁员经历，多半都会认同我的解析，当然，大家更好奇的是到底应该如何高情商回应，请允许我在这里卖个关子，因为此案例现在的出现，其价值是为了说明误区公式的，后续章节我会为你揭晓答案，反正，这个答案在我访谈时，得到这位 HR 经理的反馈是："哎呀，这样说真的感觉不一样！"

案例剖析至此，请千万别误以为此公式只与裁员有关，我真正想告诉你的是：你每天都在与此公式打交道，换句话说，你每天都会不经意间落入这个公式的陷阱！人们总误以为自己说的话是正确的，结果就应该是正确的，但糟糕的是，应该发生的事大多数时候都没有发生，因为人们日常总是忽略"情绪"在沟通中颠覆性的影响力。所以，在处理事情的时候，必须先"情"后"事"才能事半功倍。而日常人们总以为"就事论事"绝对正确，但从情商的视角来看：**就事论事，最容易出事！**为什么？因为所有的事都是人为的，而人不可能没有情绪，所以你永远不可能越过"情"而直接解决"事"。

## 沟通中的负面情绪因何而来

上述的沟通误区公式说明，我们每个人无论是听者还是说者，都很有可能因负面情绪而掉入沟通的陷阱，那么，如何能够逆袭呢？第一，弄清楚情绪从何而来；第二，真正成为情绪的主人。本节先阐述情绪来源，后续章节解析情绪的处理方法。

情绪从何而来呢？正是大多数人的"我是正确的"这条底层信念。尤其是当我们面对分歧时，仍然坚定不移地认为自己是对的，内心得出的结论就是"他是错的"，表现在沟通中就是，双方都在极力证明自己是对的，而对方是错的。这样的沟通方式往往会引发对方的情绪不断升级，最终双方想达成共识的概率就降低了。

此刻，我想再次提醒你，这"伟大"的沟通误区公式，你每一天都在跟它打交道。请你闭上眼睛回想一下，发生在你工作或生活当中类似的场景。

请合上书我们暂停 10 秒钟，不知道刚才在你的脑海当中，浮现了哪些有趣的场景呢？我来分享一个我在线下培训中最高频讨论的场景：客户投诉或同事抱怨时，我们最有可能回应的一句话是什么？"别着急"，对不对？那对方的反应可能是什么呢？第一种：我能不急嘛！第二种：拔高分贝地说"我急了吗？！"显然，对方好像更着急了。

如果此刻你是说"别着急"这句话的人，我猜想你的心情一定很郁闷，所以接下来我要跟你好好解析一下，为什么"别着急"这句话，只能起反效果。

"着急"这个状态显然是不太好的状态，而你现在让对方别着急，说明对方已经急了，所以如果我作为听者要接纳你的建议"别着急"，其前提条件就是，我必须先承认自己的状态很糟糕。因此这句话对听者而言，不但有一种不被理解的感受，反而还有一种隐隐被指责的感觉，这就是为什么听完"别着急"这句话没有人会乐得起来的原因。当然，因性格的差异，外向、急脾气性格的人听完不爽直接就爆，而内敛型的人听完也许外在没有太大的反应，但内在的感受仍然不舒服。所以，**请千万不要对一个很着急的人说：别着急！**

看到这里，你多半会觉得有道理，但同时可能也会困惑：不说别着急，那应该说什么呢？这个问题我同样还得卖个关子，因为它会在之后的篇章重点展开，而接下来，我更想通过上述的解析，为你呈现一个打通思维卡点的模型。

## 可E姐给你划重点

·沟通的定义：为了设定的目标，把信息、思想、情绪在个体或群体间传递，并达成一致的过程。它说明，如果你忽略情绪的影响，其结果就是你想传递的信息一定会大打折扣。

·"就事论事"看似很正确，但从情商的视角来看：就事论事，最容易出事！因为所有的事都是人为的，而人不可能没有情绪，所以，你永远不可能越过"情"而直接解决"事"。

·"我是正确的"这条底层信念，令人们面对分歧时总是极力证明"我是对的，你是错的"，其结果就是引发对方的情绪不断升级，而最终双方想达成共识、好好沟通的概率就大大降低。

如果你想获得本书的所有金句和模型，请关注公众号：可E研习院，并回复"新书"，即可获得本书精华合集。

# 无处不在的"沟通漏斗"到底由谁买单

**请你带着这些问题阅读**

· 日常沟通，为何总是"沟"而不"通"？

· 期待与结果有落差，谁更应该买单？

· 人和人不一样，你真的这样认为吗？

说话能力对正常人来说，可谓与生俱来，但为什么我们还需要学习沟通呢？不知道你有没有以下这些困扰：

明明是为了对方好，但一开口就呈现指责或冷战画面。

明明不想答应他人，但常常委屈迎合还不一定落好。

明明只是直言不讳，但总被人误解为出风头或好批判。

明明很想安慰他人，但竭尽所能的结局竟是引火烧身。

明明……反正我不是这个意思，但为什么会变成这样的状况！

如果这也是你的困扰，那么本章节就为你带来解药……

## 你每天都与之为伍的"沟通漏斗"是什么

管理学中有一个经典模型"沟通漏斗",它指的是:我是说话的人,我对我心里想的部分特别清楚,但中间的转化我并不清楚,我用语言表达心里想的内容后,发现对方转化为实际行动的内容,只有我期待的20%。但事实上,人们在现实沟通中往往连20%都没有,可能是零甚至是负数。乍一看,你一定很奇怪,但细一想其实也合理。这就好比上述的例子"别着急",说者的初衷是安抚对方的情绪,但听者听完反而更急了,这不就是标准的负数关系吗?

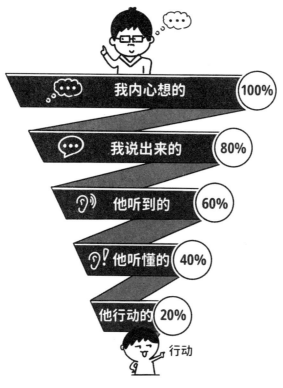

图 1-2　沟通漏斗

我们先回到模型当中，假设对方做了你所期待的 20%。问题来了，若你是说话的人，你可能会认为自己说得这么清楚，对方才做了这么一点，于是你判断一定是他的问题。管理学家还原出转化中我们并不清楚的部分，分别是：人们说的内容并没有自己想的那么多，对方在此基础上听到的内容又少了一点，理解的更少，因而把内容转化为实际行动就更少了。理解了这些之后，对我们在未来沟通时有什么启发呢？第一大启发是：漏掉的过程很合理；第二大启发是：造成漏斗产生如此巨大落差的原因，显然不全是对方的问题，而是双方共同的问题。

这就是管理学中的"沟通漏斗"，它与情商的关联又是什么呢？高情商的人在日常沟通中，不仅可以控制漏斗的上半部分，还能积极影响漏斗的下半部分，让漏去内容的百分比越来越少，还原一个真实的信息，这就是管理学的"漏斗"与情商结合之后的诠释。

用一句话提炼"沟通漏斗"：沟通中你的期待与结果不一致，就表明信息漏掉了。而重点是，普通人根本不知道"漏斗"的存在，所以每天都会不经意地掉入"漏斗"的坑；而高情商的人因为懂得"漏斗无处不在"的真理，所以他们会在沟通中主动做一些调整，从而避免掉入"漏斗"的坑。


## 如何逆袭"沟通漏斗"的窘境

关键词只有一个：自己买单。比如，你是 HR 经理，对下属布置任务的时候，千万别说："请把我们人事部门的表格完善一下。"为什么呢？因为"完善"这个形容词必将开启沟通漏斗，请你停顿5秒钟思考一下……此刻你一定意识到"完善"这个词，对于不同的人来说标准是不一样的。经理交代任务时，脑海中浮现的是自己对"完善"的画面，而下属领命时脑海中的画面基本与经理的不重合，所以，常常出现的状况是，下属明明觉得自己既用心又高质量地完成了任务，第二天却被经理批评："怎么弄成这个样子？你到底有没有认真做？"最后，经理郁闷得不行，下属也憋屈得不行。怎样突破这个怪圈呢？很显然，经理如果有"漏斗"的意识，就会描述清楚自己对于"完善"的定义，而下属如果有"漏斗"的意识，就会主动将自己对"完善"的理解和经理进行交流并达成共识。这就是逆袭"漏斗"的关键动作，因为你知道无论自己是听者还是说者，都应该为"不漏"负责。

但是，看上去如此简单的破局动作，为什么在实际沟通中如此罕见呢？因为日常人们总误以为"自己已经表达得相当清晰了"，对方就应该百分百理解自己的意思，因此，如果最后的结果出现了状况，那只能说明：要么是对方的理解力有问题，要么就是对方的态度有问题，而自己是绝对不可能有问题的！你有没有发现，这就是我们之前所剖析的一个常见信念在作祟，它就是"我是正确的"。要解决这个认知上的卡点，我们必须理解人与人之间的差异到底由哪些因素决定。

## 逆袭"沟通漏斗"的高情商认知如何训练

我常在线下培训中和学员分享这个观点：**情商，是让你的逻辑选择和本能反应越来越趋同的一种能力。** 从逻辑上人们都知道"人和人是不一样的"，但本能反应是什么呢？人们遇到意见分歧的那一刻，早已把"人和人是不一样的"认知抛到了九霄云外，那时人们内心真正的渴望是"你应该和我一样"，所以面对分歧，大部分人的本能反应是"搞定对方"，而沟通往往最后就成了"沟"而不"通"。

由此，如何将逻辑认知训练为本能反应呢？其关键点就是发自内心地理解"为什么人和人是不一样的"。角色、环境和性格，这三个因素是核心原因。换句话说，当 A 和 B 两个人所处的角色、环境和性格，有一个不一样，他们看同一个问题的视角就会不同，因此就会出现分歧。

如上述 HR 经理交代任务的例子，如果经理非常清楚地知道自己和下属的角色不同，所以双方往往对一个任务的理解或标准会不同，那么，经理在下命令时就不会让自己掉入形容词的陷阱。而环境指的是，如果两个人的成长环境不同，他们的思维和行为方式也多半不同，那么，硬要让 A 接受 B 的方式，A 会很痛苦，但 A 可不可以改变呢？有可能，但一定不是硬拗，这就好比婚姻关系中两个人磨合，一定不是因为忍受，而是双方相互理解。至于"性格"这个要素更容易理解，无论两个人是什么关系，只要性格不同，往往都会容易有分歧，原因很简单，性格不一样的人看待同一件事物的视角，会很不一样。

因此，当我们理解角色、环境和性格是"人和人不同"的核心原因，那么未来在面对分歧时，请告诉自己：**这不是对错的问题，仅仅是差异，差异是可以调和的，但对错只能带来争论。这就是获得高情商认知的底层训练方法。**

## 可E姐给你划重点

· 一句话提炼"沟通漏斗"：沟通中你的期待与结果不一致，就表明信息漏掉了。而高情商的人因为懂得"漏斗无处不在"的真理，所以他们会在沟通中主动做一些调整，从而避免掉入"漏斗"的坑。

· 面对"沟通漏斗"，普通人总会认为：要么是对方的理解力有问题，要么就是对方的态度有问题，而自己是绝对不可能有问题的！其实，这就是"我是正确的"这条信念在作祟。

· "人和人不同"的核心原因由角色、环境和性格决定，所以，未来在面对分歧时请告诉自己：这不是对错的问题，仅仅是差异，差异是可以调和的，但对错只能带来争论。

如果你想获得本书的所有金句和模型，请关注公众号：可E研习院，并回复"新书"，即可获得本书精华合集。

# 迈向沟通高手的底层逻辑 | 入门篇

## 请你带着这些问题阅读

· 沟通中为何总有人会感叹"你没理解我的意思"？

· 理论上观点有分歧不一定会导致沟通崩盘，但为何大多还是会崩盘？

· 沟通高手到底拥有怎样的"绝世武功"，总能搞定大多数人都搞不定的分歧？

《非暴力沟通》这本书上，有这样一个有趣的案例。

> 一对夫妻搭乘火车去机场，在火车上，丈夫说："我从来没有坐过这么慢的火车。"一旁的妻子听到之后有些不知所措，最终没有回应。过了一会儿，丈夫又说："我从来没有

坐过这么慢的火车！"这个时候，妻子开始焦虑起来，弱弱地说了一句："那怎么办呢？"没想到，丈夫居然咆哮起来："我从来没有坐过这么慢的火车！"于是，妻子也开始咆哮了："那你想怎样？你想让我下去推火车吗？！"

你是不是已经扑哧一下笑出了声？但请你千万不要仅停留在搞笑的频道上，要知道，这就是我们的日常沟通。案例中的妻子，完全听得懂丈夫在说什么话，但是又完全搞不明白丈夫到底在说什么。而这也是大多数人在沟通中的困惑……

## 真正的高手为何从来都不靠"嘴上功夫"

你的身边一定有些人是你真正敬佩的，尤其是在某些尴尬的场景，或一般人都搞不定的场景，他总能处理得当，甚至力挽狂澜。比如，前言中所举的销售部与生产部的例子，大部分的当事人要么PK，要么一方隐忍，要么老板拍板，可是偏偏有那么一位，仅凭三言两语，就成功地解决了问题。此时，周围的人一定都在夸他的沟通能力不一般，但事实上，你看得见的沟通，也就是他说出来的台词，真正的硬功夫打哪儿来呢？是你看不见的、他的底层逻辑！

所以，你千万别因为欣赏高手的沟通力，就自己背出他的台词或金句，一来你做不到；二来就算做到了，你也无法活学活用。但是，当你读懂了我为你呈现的底层逻辑，你不仅会拆解高手的台词，还会因思维迭代而灵活运用，那一刻的你，简直就了不得！说白了，掌握心法才是成为高手的捷径，而心法令你跑赢80%职场人的思维模式，那一刻的你，想不当高手都难！敲黑板：**真正的沟通高手，从来都不靠嘴上功夫。**

## "你没理解我的意思"，看高手如何破局

两个人日常沟通，比如 A 和 B，有一方说：你没理解我的意思！另一方就特别郁闷，心里想的是：哪里没理解，不就是……归根结底，A 觉得自己不被理解，B 要么觉得自己相当理解 A，要么觉得自己也不被 A 理解。那么问题到底出在哪里呢？其实，每个人在沟通中都渴望被他人理解，但我们往往不知道理解是分层次的，冰山模型展示的就是理解的三个层次。

表层的理解每个人都能做到，那就是对方说了一件怎样的事，表达了一个怎样的观点，它与沟通定义中的"信息"是对应的。深层的理解对大部分人来说都有挑战，首先是感受，它与沟通定义中的"情绪"是对应的，也就是对方说的这件事或这个观点的背后，更想表达什么情绪。比如，客户投诉时说出来的信息是"我过敏了"，但没有表达的情绪是"我很难受甚至很担心"。当然，比感受更深层次的是动机，它与沟通定义中的"思想"是对应的，说白了，人们的观点和感受都是有原因的，而真正的解决方案，并非同意或不同

意对方的观点，而是解决或满足了对方的感受和动机。

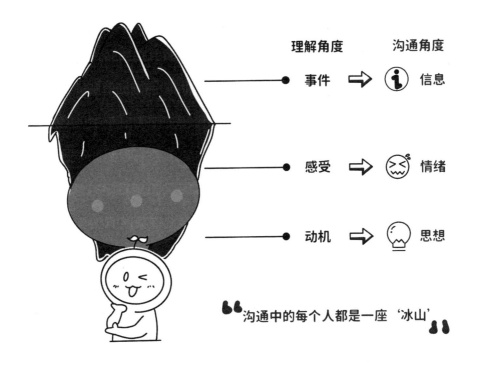

图 1-3　沟通冰山模型

　　再比如，延续前文中裁员的案例，面对那位新婚不久、妻子刚怀孕、自己遭遇解聘且身处非典时期的员工，如果 HR 经理能理解他的无助和绝望，那么，她的安慰就不会停留于"我不想裁掉你，但这是公司的统一决定"这句话，因为这句话只是就"事件"层面的回应，无法触碰员工冰山下面的感受和动机，所以员工就会有一种"你没理解我的意思"的感觉。

　　高手的破局思维是：永远不停留于冰山的表层，他们在沟通中说出来的话之所以很漂亮，是因为他们更关注的是对方冰山底层的感受和动机。如果能直接理解，他们会替对方把底层的意思表达出来；如果不能直接理解，他们就会带着好奇心去探寻对方的底层意思。

那么HR经理到底应该如何用同理心的方式做高情商的回应呢？访谈中我是这样回答的："小刘，其实你知道在这个非常时期，公司做出裁撤分公司的决定是很艰难的，但是我能理解你当下处境的艰难度丝毫不亚于公司，毕竟你是家里的顶梁柱。正因为如此，我为你特别申请了一个赔偿方案，来帮助你渡过这个难关，你想不想听一下这个方案呢？"两秒钟后，HR经理说："真的感觉不一样！"不一样在哪里呢？第一句话针对员工冰山下面的感受做了回应，当然，也把公司的艰难做了客观呈现，而且之后，我用了"但是"做转折，来突显我对他感受的理解（"但是"是先抑后扬的，而日常人们总是落入先扬后抑的低情商陷阱）。第二句话则是针对员工冰山下面的动机提出了解决方案，员工自然就不会太抗拒。

这样的高情商的回应，其实可以应用于任何场景，尤其是极具挑战的投诉情境。很多大品牌的客服在上过我的"高情商服务力"课程后，面对消费者过敏，就不再会就事论事地解决医生诊断和退货流程，他们会这样表达："我很理解您过敏了一定很难受，而且听上去您还有点担心，您能告诉我担心的是什么吗？我来看看如何能更好地帮到您。"你看，这就是能理解的就直接表达（难受＋担心），不能理解的动机则带着好奇心去问。

所以，**"你没理解我的意思"，是因为你根本没走心。**高手之所以能成为高手，不是因为套路而纵横天下，而是因为走心而赢得人心。而走心的关键，是因为高手理解每个人在沟通中都是一座"冰山"，显而易见说出来的部分往往只是冰山一角，所以高手会带着"心"去感受对方的感受，并揣着"好奇"去发现对方的动机，如此一来，他的沟通怎么会不给力呢？

## "双冰山模型"令你拥有沟通高手的底层思维

上一节，我们用投诉案例解析了深层次理解的价值，本节举一个与 HR 相关的例子，带你领略高手是如何化解分歧的。

比如，某员工提出离职，很显然他表达出来的观点是"我要辞职"，HR 肯定会问"为什么呢"，员工说："有一个薪资提升 30% 的机会，我不想错过。"假设你作为 HR 很想留住他，但最多只能提升 10%，面对这 20% 的落差，大部分 HR 就犯难了，直接开口说提升 10% 自己都不好意思，但不说似乎也觉得不好，怎么办呢？这看似很难的问题,正是高情商可施展的领域。如何施展呢？请你怀揣着"双冰山模型"随我一起前行。

### 双冰山模型

上一节我们讲了冰山模型，它指的是在沟通中，我们每个人都是一座冰山，说出来的是事件或观点，而未表达的是感受和动机。所以，沟通，其实就是两座冰山相遇。

冰山表层的观点，如果 A 的观点等于 B 的观点，那么皆大欢喜，但有挑战的是当 A 的观点不等于 B 的观点，人们擅长的就是"互撕"模式：我是正确的，你是错误的；我是合理的，你是无理的；我是英明的，你是愚蠢的……

那么，如何用高情商让我们成功开启"双赢"模式呢？（1）接纳 A ≠ B 的事实，告诉自己"我们有差异而非对错"；（2）开启自己的冰山底层，告诉对方自己的感受和动机；（3）探寻对方的冰山底层，理解或询问对方的感受和动机；（4）从双方的动机层面，设计双赢的 C 方案。

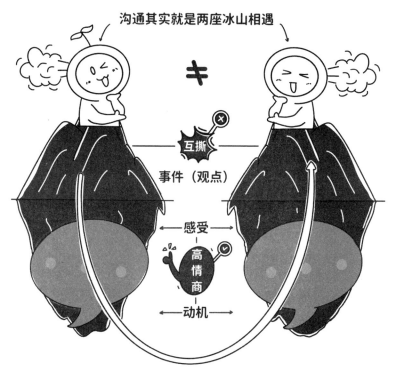

图 1-4　双冰山模型

## 实战"双冰山模型"

延续上述离职案例，员工的 A 观点是薪资提升 30%，HR 的 B 观点是提升 10%，如何达成双赢的 C 方案呢？作为 HR，讨价还价会令你很被动，而从专业的角度，其实你很清楚地知道，薪资上涨 30% 不一定是员工离职的真实原因，因为 N 种离职原因中排名前四的，其一就是"与上司关系不和"，而这个原因也是员工离职时最有可能选择不说的原因，那么，作为 HR 你应该如何探索真相，并在此基础上实现双赢呢？

第一步，接纳 A ≠ B 的事实，告诉自己：现在确实有20%的落差，但这并不意味着我没有达成双赢 C 方案的可能。

第二步，开启自己的冰山底层，告诉对方你的感受和动机："我很遗憾听到你要离职，因为你在公司的这几年，无论是部门考评还是高层评价都非常好，所以从我内心角度很希望代表公司做一些争取来挽留你。"

第三步，探寻对方的冰山底层，你可以先开启一个过渡性问题（最后我再为你解析为什么不能直接问对方的动机），这个问题是："如果我同样可以为你争取 30% 的薪资涨幅，你会留在公司吗？"如果员工说"会"，那说明他的离职原因是真实的，那么，也请你以诚相待："很抱歉，目前我的最大权限是 10%，如果你愿意留下来，我会为你做其他方面的争取……但如果你想离职，我也非常理解，我能做的是为你写一封有含金量的推荐信。当然，我更期待你即便离职了，也能和我或你的上司保持联络，如果将来公司有了更好的职位和待遇，希望你会回来。"毕竟，处理好与前员工的关系，既是 HR 的职责，也是公司的未来资源。

如果面对上述问题，员工犹豫不决或坚定拒绝，那说明他的离职原因并不完全真实，此时你可以开启这个关键性问题："看来除了薪资以外，还有其他的一些原因让你想离职，能方便让我知道吗？毕竟，如果有些问题我能为你解决，也许你就不必去经历适应新环境的困扰，当然，如果我解决不了，我也非常愿意为你写一封对你有加分的推荐信，也许可以让你在新环境中更快地得到新上司的认可。"我相信如此高情商的表达会大大提升员工吐露心扉的概率，由此，你才有机会了解他冰山下方的真实感受和动机。

第四步，从双方动机层面设计双赢，通过上述的关键性问题，如果你了解到他的感受是不被认可，动机是希望与上司有良好的人际关系，这个问题也许你没有办法马上解决，但是你可以表达对他的理解，也可以做到之前对他的承诺。如果他的动机是希望在公司有更好的职业发展路径，那么最终就不是 30% 与 10% 之间的问题，而是 10% 及新的岗位或职位的申请与落实。

总结一下，这个离职案例我并非只是想告诉你应该如何与想离职的员工谈话，我想说的重点是要建立双赢思维，请将双冰山模型刻入你的脑海，当下次你与他人观点产生分歧时，第一步，千万不要在表层就观点进行"我对你错"的争论。第二步，主动将自己的感受和动机先呈现给对方。第三步，带着好奇心探索对方冰山下方的感受和动机，你可以问："我相信你之所以和我有不一样的想法，肯定是基于某些原因或某些衡量标准的，所以，我方便知道一下你是怎么考虑的吗？"当然，在离职案例中我并不建议直接问这个问题，因为这对员工来说不一定安全，所以我们借用"如果可以为你争取到 30% 的涨薪，你愿意留下来吗"这个问题，来做一个平稳的过渡，这样就能更真实地了解到对方的深层动机。第四步，双方的动机都呈现后，看看哪些是重叠的，这就是双赢方案的来源；或者看看对方的哪些动机你可以解决，基于此重构一个双赢方案；如果既无重叠亦无解决方案，那我们便选择平静地"分手"，这些都是高情商的解决方案。请记得：**情商的双赢思维里，鱼和熊掌可以兼得。**

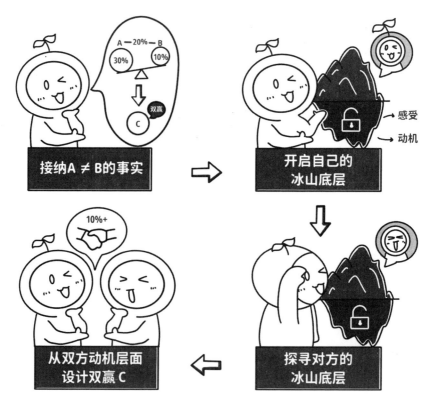

图 1-5 四步走实现双冰山模型

上述四步，凡能做到的高手，首先拥有的不是高情商沟通的能力，而是积极驾驭情绪的能力，否则只要你带着负面情绪实行以上任何一步，对你来说都是巨大的挑战。所以，下一节，我将分享驾驭情绪的理论和方法，这也是让我们实现高情商自我管理的关键技能。

## 可E姐给你划重点

· 每个人在沟通中都是一座"冰山",而走心的关键,是你带着"心"去感受对方冰山下的感受,并揣着"好奇"去发现对方的动机,那么你的沟通一定很给力。

· 双赢模式:(1)接纳A≠B的事实,告诉自己"我们有差异而非对错";(2)开启自己的冰山底层,告诉对方自己的感受和动机;(3)探寻对方的冰山底层,理解或询问对方的感受和动机;(4)从双方的动机层面,设计双赢的C方案。

· 上述四步,凡能做到的高手,首先拥有的不是高情商沟通的能力,而是积极驾驭情绪的能力。

如果你想获得本书的所有金句和模型,请关注公众号:可E研习院,并回复"新书",即可获得本书精华合集。

# 迈向沟通高手的底层逻辑 | 进阶篇

请你带着这些问题阅读

· 我们都知道应该成为情绪的"主人"，但为何多数人却成了"奴隶"？

· 从"奴隶"跃迁为"主人"的过程中，最关键的破局点是什么？

· 如果你真的通过"打怪升级"成了"主人"，这又能为你的人生带来什么？

"老师，我那娃实在是令人头疼，到底是为啥呀？该咋整？"

"老师，麻烦你帮我分析一下，我那个同事为啥故意整我？"

"老师，我真的不理解，我这么努力，为啥老板还不满意？"

如此之多的"为啥"背后，隐藏着深深的无奈、困惑和愤怒，这些情绪到底从何而来？我们又该如何与情绪共舞、与产生矛盾的人和谐共处呢？

## 生活与工作中那些令人抓狂的情境

情境一：因为孩子考试不及格，所以父母怒了。你作为父母，此刻心里想的也许是：你考56分，班上有人考96分，甚至还有人考100分，你不笨，老师又都是同样教的，这说明啥？这说明你不努力、不上进啊！

相似的情境：因为孩子做作业磨磨蹭蹭，所以父母怒了（当父母不容易，怒点超级多）。作为父母的你心里想的可能是：人家孩子每天晚上九点半就上床睡觉，而且成绩还那么好，而你拖拖拉拉地写作业，成绩还不理想，这说明你根本就没把心思放在学习上！

情境二：因为老板当众批评我，所以我很生气，感觉很丢脸。你作为员工，此时心里可能想：老板这样做就是故意羞辱我，尤其是老板之前找其他同事谈话，都是在他办公室里进行的，而今天却当着所有人的面来说我，这不就是想让我难堪吗？

同款的情境：市场部同事到现在还没有给我发确认邮件，我急得想爆炸（看来职场也不易啊）。你此刻心里想的可能是：他这就是在故意要大牌，故意不配合我们支持部门！

## 那些抓狂的情绪到底从何而来

在上述那些情境中，人们总觉得自己的情绪是因那件事而起的，但有一个人说：No！他就是情绪ABC理论的发明人阿尔伯特·艾利斯，他被誉为认知－行为治疗之父，在多年前，他创立了"合理情绪疗法"，当时是专门用来治疗抑郁症患者的，但后来心理学家发现这种疗法全人类通用，现在就叫作"情绪ABC理论"。

A代表的是Activating Events，即事件，C代表的是Consequence，即结果，结果有两层含义，情绪和由情绪引发的行为。一般来说，人们是把A和C做因果关系而连接的，什么是因果关系呢？比如，因为孩子考试不及格，所以父母很生气；因为老板今天当众批评我，所以我觉得特别丢脸。而这样的因果关系说明，我们骨子里会认为，我们的情绪是由事件的主人公引发的，由此推论：我们的情绪由他"买单"！这就是为什么两个人在争吵的过程中，最有可能说出这句话："要不是你……我怎么会……"这句话的潜台词就是你要为我的情绪负责。

现在，我郑重其事地向你转达艾利斯先生的原话：这个思维模式就是日常人们最容易沦为情绪奴隶的原因，换句话说，艾利斯想告诉我们，这个思维模式是错的，A不是C的诱因，事件和结果不是因果关系。为什么？如果事件和结果真是因果关系的话，那么人们就永远无法成为情绪的主人。所以，这里的关键因素是B，信念（Belief），信念的含义是：我们对这件事情的观点和看法，决定了我们的情绪和行为。由此一来，我们的情绪我们可以做主了，因为我们决定了自己的信念。

我们来体验一下情绪ABC理论如何应用，比如上述的情境一：孩子考试不及格，"他不努力、不上进"是你此刻的信念，也是真正让你生气的原因。情境二：老板当众批评你，"老板让我难堪"这个信念，才是让你生气、丢脸的真正来源。所以，真正让你生气的不是事件本身，而是你的信念。换句话说，"作死"自己的从来不是别人，而是自己！

## 构建底层逻辑的情绪 ABC 理论，如何让你跑赢众人

### 情绪 ABC 理论的实战运用

现在你是不是觉得情绪 ABC 理论真的很厉害？它迭代了人类的本能思维方式：原来人们总认为是因为发生的事情而导致自己生气的。但其实，真正让自己生气的是自己的想法，仅此而已。有了这份认知迭代后，我们来继续推进情绪 ABC 理论。

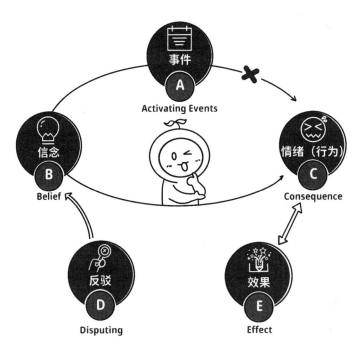

图 1-6　情绪 ABC 理论

完整版的理论除了 ABC 三个字母外，还有 D 和 E 这两个字母，D 代表的是反驳（Disputing），E 代表的是效果（Effect），如何理解呢？当我们理解 A 和 C 不是因果关系，B 才是关键因素，那么未来我们要成为情绪的主人，有一个关键动作就是学会反驳，重点是反驳 A 还是 B 呢？也就是应该反驳事件还是信念呢？

我相信此刻你多半会选择"反驳信念"，但其实人们连有"信念"这回事都不知道，所以人们的本能思维就是反驳事件。不信，我们来探索一下人们面对事件的想法：你为什么要考 56 分啊？你考 96 分我不就不生气了吗？或者，老板为什么要当众批评我？把我请到办公室和风细雨地好好说不行吗？人的本能就是，遇到一件已发生的、让自己特别不爽的事，瞬间就想把这件事逆转。但其实，事件已发生，不可逆转，我们真正有能力逆转的是信念，换句话说，当信念被改写，最后的效果就是，新的情绪很有可能和原来的结果之间，产生 180 度的改变。也就是说，改写之前"我很愤怒"，改写之后"我变得平静"，甚至"愉悦"。

你可能会很好奇，转变信念真的能让人从"愤怒"变得"愉悦"吗？举个通俗易懂的例子，你走在大街上，被一个陌生人"哗啦"一下泼了一盆冷水，这就是 A 事件，那你的 C 情绪会怎样？肯定是怒啊！你可能产生的信念是：此人无礼、粗鲁的行为，简直就是对我的冒犯！但此刻旁边有个人拍拍你说："嗨，你正好遇上傣族的泼水节哦。"瞬间，你可能就从刚才的怒转为喜了，为什么呢？只要有一定的民俗知识，你就明白在泼水节上被人泼水，寓意是满满的祝福啊！

## 情绪 ABC 理论实战的关键动作

泼水案例充分说明信念改写了，情绪就会发生本质的变化，所以人们真正要拥有的能力，是在未来经历负面事件，也就是让你跌入负面情绪的那一刻，拥有改写信念的能力。当然，改写信念的前提是，你要先发现自己当下的信念是什么，否则你根本没有机会去改写它。接下来，我将为你深度拆解与信念有关的两个动作：（1）发现信念；（2）改写信念。

### 1. 发现信念

艾利斯先生不仅发明了情绪 ABC 理论，更重要的是，他指出有三类常见的限制性信念，犹如在我们的大脑里有很多的框框，限制了我们在某个情境当中所拥有的正面情绪和积极行为。用我的话来说：让我们陷入困境的不是别人而是我们自己！那么是哪三类限制性信念会让我们陷入困境呢？

第一类限制性信念叫作恐怖化，而它的代名词是：万一。举个例子，假设公司某管理层的岗位实行全员竞聘，而你恰好符合硬性条件。竞聘当天，在会议室外面，所有的竞聘者包括你，基本上都是一个心情：紧张或忐忑。实际上，有紧张或忐忑的情绪本身没有问题，但有问题的，是竞聘者踏入会议室前的信念。比如，带着恐怖化信念的竞聘者，心里会想：万一今天我在台上发挥得特别不好怎么办；万一我发挥失常，后排那些打分的领导会怎么看我；万一结果特别糟糕，明天回原来的部门上班，其他人又会怎么看我？这些"万一"的想法会一波又一波地袭击你的大脑，最终让你愈发紧张和忐忑，甚至到了失控的边缘。

第二类限制性信念叫作合理化，它指的是，有一类人在遇到负面事件的时候，本能地在大脑当中出现一些看似很合理，但其实很消极的想法。怎么理解呢？再次回到刚才竞聘的案例当中。带着合理化信念竞聘者在推门而入的那一刻，看上去很淡定，可是他内心想的是：竞聘这件事，难道真的是由台上的演讲决定的吗？太幼稚了，竞聘的结果由后排打分的领导说了算，而领导喜欢的反正不是我这种比较耿直的人，所以我早就预估过了，我能够拿到这个岗位的概率非常低，但是，公司 HR 规定符合所有硬性标准的人都要参加，像我这种老员工，肯定是要参与的，所以就配合一下吧！这类人的想法从某种角度来看确实合理，但这所谓的"合理"想法实际上会让人消极应对，因此，这仍然属于低情商。

第三类限制性信念叫作应该化，其背后的底层思维正是我之前剖析过的"我是正确的"。也因此，在两个人争吵的过程中，人们常会听到："这件事情你怎么会这样想，难道不应该是那样想吗？这不是显而易见的吗？"这类冲突高频率地存在于日常沟通中的相互较劲中。可是如果我问你"人跟人一样吗"，你一定会告诉我"不一样"，但糟糕的是，人们面对分歧时本能地有一种欲望，就是把别人拉到自己的阵营里来，因为我们内心深处的信念是：你应该和我是一样的！所以，当别人和自己不一样的时候，冲突自然而然地就产生了。

以上三类限制性信念，是最常见也是最容易引发冲突，同时又是最容易让自己陷入困境的信念，在你深深了解它之后，当负面情绪来临时，你要有能力问自己："我此刻的信念（想法）是什么？"这就是"发现信念"的过程。

## 2. 改写信念

俗话说"好心情由自己掌控"，其实这就是"改写信念"的力量。那么，在改写信念时，你必须拥有更高级的提问能力。

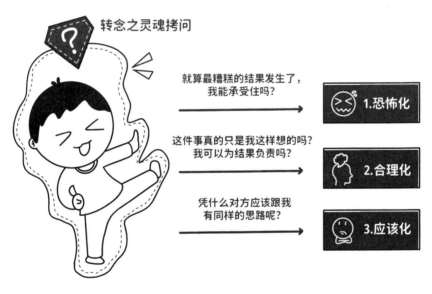

图 1-7　改写信念的力量

面对"恐怖化"的信念，你可以这样问自己："就算最糟糕的结果发生了，我能承受住吗？"比如"竞聘"的情境：就算今天我的演讲失利，后排打分的领导会因为我这 5 分钟的失利，就一定会对我有糟糕的印象吗？就算我竞聘失败，除了我以外的其他十位候选人，都会被部门的同事指指点点吗？

面对"合理化"的信念，你可以这样问自己：这件事真的只能这样想吗？我可以为结果负责吗？这里我说明一下，为什么要添加"我可以为结果负责吗"这个问题，因为"合理化"的想法大概率会让人逃避或视而不见。比如，竞聘者想的是竞聘只是一个过场，更多的是由领导掌控结果，所以自己认真准备和敷衍了事是同一个结果。而如果他能够反驳自己："竞聘真的只是关系决定结果吗？我应该为竞聘成功负哪些责呢？"很有可能，他就不会再选择敷衍了事。

面对"应该化"的信念，你应该这样问自己："凭什么对方应该跟我有同样的思路呢？明明他和我的角色、环境和性格不同，他为何不能和我想法不同呢？"瞬间，你的感受就不同了。

### 3. 实战小贴士

现在的你多半已被"改写信念"的威力折服，但我猜想你可能同时也会感觉有点难。毕竟，你要先判断自己当下的信念属于三类限制性信念的哪一个，再有针对性地提出更高级的问题来改写信念，整个流程在实际操作的过程中相当有挑战。那么有没有更简便的方法呢？有！

这就是我为你量身定制的一个更神奇的问题，这个问题能帮助我们只要能察觉此刻的信念，就拥有改写自己信念的能力。**这个神奇的问题是：面对 A 这件事，除了是我刚才的 B 想法之外，还有没**

有其他的可能性呢？请注意，这里的"可能性"请尝试站在对方的
B 信念这个角度来思考。

面对情境一，孩子考试不及格，除了是我认为的孩子不努力、不上进以外，还有没有其他可能性呢？你立刻就会想到这些答案：孩子身体不好影响发挥；这次考试太难甚至超纲；孩子讨厌某位老师因而不喜欢这门课；孩子其实挺努力，但他学这门课的学习方法不奏效。这些答案都不是我编的，而是我在线下培训时，学员的反馈。当这些答案浮现在你的脑海中时，你此刻的情绪与继而的行为就会自动发生改变。

面对情境二，老板对我的工作很挑剔，我感到很沮丧的情况。站在下属的角度，非常容易得出一个结论：老板对我的工作不满意，其实就是在表达对我这个人或能力的不认可。接下来，我们用上述那个神奇的问题来探索更多的可能性：面对老板对我工作的挑剔，除了是我刚才认为的他对我这个人或能力的不认可以外，还有没有其他的可能性呢？

此时，请大家认真地多停留几秒钟的时间，深入思考一下，若你是一位管理者，你对员工表示他这不行那不对，一定是在表达对他这个人的不认可吗？

关于这个问题我采访过很多管理者，他们大部分人回答的是："没有啊，我只是比较严格而已，我只是标准定得比较高而已，有什么问题吗？"或者："我只是就事论事啊，这个任务他确实没有完成好，我只是在给员工很真实的反馈，并没有对他个人有多不认可呀！"

又或者："其实我觉得这个员工很不错，所以我才会不断提出更高的要求啊！"

所以，那些可能性就是：老板只是要求高；老板只是就事论事地给反馈；老板其实对你有更高的期待。于是，你的情绪和行为便悄然发生改变。

怎么样？你是不是再一次感受到了"改写信念"的威力？其实，这个能力就是那些"既在职场发展顺畅，又拥有好人缘"的少数人的必杀技。"改写信念"是自我管理篇章中的重中之重，拥有了改写信念的能力，你才能掌控自己的人生，才能真正理解"一念之间""一念天堂一念地狱"这些俗语背后的含义。当然，也恭喜你，获得了一张迈向情商高手底层逻辑的通关证书！

## 可 E 姐给你划重点

·"你要为我的情绪负责"这个思维模式，是让人们最容易沦为情绪奴隶的原因。

·你永远无法改变一件已发生的事件，你唯一可改变的是看待它的视角，即信念。

·翻转信念的神奇问题是：面对这件事，除了是我刚才的想法之外，还有没有其他的可能性呢？转念，让你拥有翻转人生的能力。

如果你想获得本书的所有金句和模型，请关注公众号：可 E 研习院，并回复"新书"，即可获得本书精华合集。

# 第二章

## 高情商 HR 的向上管理

· · ·

向上管理是 90% 职场人心中的痛，尤其是与各部门负责人和大老板打交道最多的 HR。这是为什么呢？自 2021 年 9 月我在开启私教课程的辅导经历中，发现无论是普通员工还是高管，无一例外都被以下几个场景所困扰：与老板意见不同，怎么说才能不被"拍死"；自己的方案与老板思路不同，如何做到被采纳；内心有委屈或被误解，到底该不该表达。

在职场敢说真话又不得罪老板的人，少之又少。大部分人可能一开始敢说，之后在屡次被"拍死"的经历上，选择了明哲保身；少部分人一开始就不敢说，于是就一如既往的"憋死"自己。高情商的人就是在"敢说被拍死"和"不说就憋死"之间，找到一个平衡点：敢说却又不得罪人。

# 面对上司的批评，如何高情商应对

**请你带着这些问题阅读**

· 面对上司的批评，你更多的是选择闭嘴还是直言？

· 你的身边有没有这样的人，面对上司批评会一蹶不振？

· 你的身边有没有这样的人，面对上司批评却越挫越勇？

人在职场飘，哪有不挨刀！"批评"算是一个中性词，有些上司批评你的时候态度比较温和，我们可以称之为"负反馈"，而有些上司批评人时的情绪与职位呈正比关系，有河东狮吼开骂型的，也有阴风嗖嗖挖苦型的。那么，面对批评我们最难攻克的是什么呢？

## 案例背景

电影版《杜拉拉升职记》里有一个片段，绝对是高情商的典范，但更值得我们拿来做两个维度深入解读：为什么大部分人都很难有杜拉拉的反应；如何才能做到杜拉拉的高情商做法。这个片段发生在以下背景之后。

杜拉拉是行政部新人，玫瑰是助理行政经理（杜拉拉的上司），这天玫瑰和 HRD 李斯特因装修预算发生冲突，玫瑰气冲冲地离开老板办公室，走到自己办公室门口时，杜拉拉拿着方案递给了正要进门的玫瑰，并愉快地说："玫瑰，这些都是我找的一些性价比比较好的搬家公司，您定一个吧。"

玫瑰翻了几页后，抬眼看着杜拉拉："这么小的事情你自己不能定，你这样给我，我怎么定啊？你要把每一家的优势、劣势、信誉和风险做分析之后，然后给我做最终决定。"

此时玫瑰的分贝已经越来越高，语速也越来越快："你不要再给我这些没加工过的资料，让我做你该做的事情呀！你的工资分我一半吗？不是啊！不要浪费我的时间！"然后玫瑰把方案甩给杜拉拉，气呼呼地走进房间，一屁股坐进靠椅继续生气。

## 面对批评时的积极反应，为何你很难具备

我相信上述场景，大部分职场人都不陌生。遇到这种情况，被批评的人会觉得很羞愧、很丢脸，甚至感到愤愤不平，认为自己已经做了很认真的准备，凭什么领导要批评我呢？

而且，这个场景发生在办公室门口，就意味着外面大开间里所有的同事都能听到、看到了，因此，这个场景发生在办公室里面还是外面，对于下属来说是有些微不同的。但重点是，在职场中常常有一个奇怪的场景，那就是下属被上司批了一通后回去改方案，改完之后再交给上司，很有可能会再被批一通！这背后是什么原因呢？

因为下属第一次被领导批评的时候，情绪已然不断升腾，压根儿就忽略了上司到底在说什么，这也是我在第一章"自我管理"篇中解析的沟通误区公式：正确信息＋负面情绪＝错误信息。其实我们一不留神就会落入这个误区公式，比如，当上司带着怒气给下属负面反馈的时候，就信息而言其实是正确的，或至少一部分是正确的，但因为下属在被批评，所以下属的负面情绪就越涨越高，此时的内心戏就特别多。于是等下属听完领导的批评后，只放大了自己"被批"的情绪而忽略了上司到底在批评什么。下属带着负面情绪回到工位上修改方案，其实脑袋仍然是蒙的，唯一清楚的是自己心情很糟糕，于是只能按印象大概地去修改，这就是为什么下属改完方案后又被领导批评的原因。简言之，不是我们没能力改好方案，而是我们没

能力在此情境中驾驭好自己的负面情绪，从而让自己落入了沟通误区的坑。

而杜拉拉到底有多厉害呢？无论你有没有看过这部电影，你应该都耳闻过，杜拉拉是一个职场正能量女战士，她遇到挫败时的反应和大部分职场人不一样。杜拉拉在被领导批评后，当天晚上她打开微博写了这样一段话："虽然玫瑰是一个很难伺候的老板，但是我觉得跟着她可以学到很多东西，所以加油，耶！"你看，这就是她面对被老板当众批评后的反应。而她之所以能做出此反应，是因为她有能力跳出"误区公式"的陷阱！

杜拉拉在办公室门口被领导批评时，其实和我们一样心里也很不舒服，但她会把负面情绪先放一边，而努力听清楚老板说的正确信息：你要把这些公司的优势、劣势、信誉和风险做分析之后，再给我做最后的决定。坦白地说，这句话是不是超级正确？可是为什么我们常听不懂呢？**听不懂，是因为情绪上头而听不见！**所以，高情商的人真正优于普通人的，就是在被批评的那一刻，会努力让自己：放下负面情绪 + 放大正确信息，从而成功跳出误区公式的陷阱。

## 如何才能拥有正能量女战士杜拉拉的反应

以上是在此章节中，我为你解析的第一个场景，虽然借用的是电影片段，但它真实再现了职场中面对被上司批评，高情商的反应是什么。无须喊口号，比如：面对批评我们要积极应对，不要气恼、不要灰心……因为这些都没用，真正有用的是：（1）放下负面情绪，在事件的当下察觉并接纳情绪，告诉自己：现在被老板批评，我很生气、很丢脸，这份情绪是正常的；（2）放大正确信息，继续问自己：情绪我接纳了，那么老板说的话，有哪些是对我有价值的部分吗？以上就是一个内在的高情商调整的过程，其实这与上一章节中的情绪 ABC 理论是息息相关的。

"接纳情绪 – 发现信念 – 改写信念"，这三步大家还记得吗？（1）接纳情绪：面对老板批评，我很生气、很丢脸；（2）发现信念：我之所以生气是因为我觉得他让我很难堪；（3）改写信念：他除了想让我难堪，还有其他什么原因或用意吗？他有没有给我一些正确的指导，让我可以把这件事做得更好呢？高情商的人在面对负面事件时，永远不可能让自己"蹭"地一下就跃升为没有情绪（请记住：**培养高情商并非让你做圣人，因为有情绪不等于情绪化**），但是他们内在会有一个梳理的过程，让自己有能力翻转信念从而驾驭情绪，而他们的最终目的是：拥有平静的力量去面对负面事件，随之而来的积极行为就绝对会让他跑赢大部分人。

当然，面对批评，我们也不排除另外一种情形，那就是上司真的很情绪化，他不断地在通过批评宣泄情绪，而没有给出任何有价值的信息。有没有这种可能呢？我觉得有，但其实概率并不高。不过，我们仍然可以来研究即便发生此场景，高情商的人能怎样做。

沿用杜拉拉和玫瑰的场景，假设玫瑰现在只是一味地批评："这算什么方案？你怎么会弄成这个样子？你能不能不要只是做一些基础得不能再基础的工作？你知不知道我每天都很忙？我每天看着这些没有任何加工过的信息，你告诉我，我要到底怎么做决策？"此时，如果你是杜拉拉，你依然可以先通过上面的三步"接纳情绪 – 发现信念 – 改写信念"，让自己恢复平静。于是，你可以主动问老板："老板你说得对，我可能确实没有做有效的加工，所以我很想知道，从哪几个方面做有效加工，可以让你做决策比较容易呢？我好按这个思路去改，保证下一稿让你满意。"如果你做到了这一点，我相信再情绪化的老板也会因此而略微平复，开始恢复理智的思考："对呀，我到底要让下属做怎样的修改，才是正确的呢？"

以上就是面对被上司批评时，我们先调整好自己的内心状态，再进入沟通和问题解决的诠释。其实，这也印证了在前文中我提出的情商力的两个 C，Control 和 Communication，它们之间是先后甚至因果关系。从此情境中，我们知道：好的沟通从来不是先学什么技巧，而是先拥有驾驭情绪的能力，让自己能够做到有情绪但又能平静地面对批评，由此，你才能开启高情商的沟通，给"批评"画上圆满的句号。

## 可E姐给你划重点

·高情商的人真正优于普通人的，就是在被批评的那一刻，会努力让自己：放下负面情绪＋放大正确信息，从而成功跳出误区公式的陷阱。

·跳出误区公式之陷阱的步骤：（1）放下负面情绪，察觉并接纳情绪，告诉自己：现在被老板批评，我很生气、很丢脸，但这份情绪很正常；（2）放大正确信息，继续问自己：老板说的话，有哪些是对我有价值的部分吗？

·好的沟通从来不是先学什么技巧，而是先拥有驾驭情绪的能力，让自己能够做到有情绪但又能平静地面对批评，由此，你才能开启高情商的沟通，给批评画上圆满的句号。

如果你想获得本书的所有金句和模型，请关注公众号：可E研习院，并回复"新书"，即可获得本书精华合集。

# 面对不同类型的老板，如何高情商沟通

**请你带着这些问题阅读**

·你的历任老板中，谁对你的正面影响最大，他最令你欣赏的地方是什么？

·你的历任老板中，谁令你一想到就头大，你们不对付的原因是什么？

·如果你是管理者，你猜想你的团队成员一想到你，会是什么形象？

我的第一任老板非常严谨细致，几乎每一次的报告，他都可以在两分钟之内反馈给我：页眉、错别字、标点符号……于是，我在一次次的胆战心惊中成长着、蜕变着。三年后，当我严阵以待新老板的第一次述职时，他居然把我完美无瑕的报告放在一边说"我问你答吧"，我的脑海中浮现出了三个字的评价：不专业！

你看，我明明知道人和人是不一样的，显然老板的类型亦不相同，但我仍然不由自主地落入了"对比"的陷阱。那么，能够游刃有余地和不同类型的老板相处顺畅，其先决条件到底是什么呢？答案就是：发自内心地接纳并欣赏差异！

## 高情商向上管理的前提是做真实的自己

坦白地说，大部分人都认为"做真实的自己"特别难，因为一旦真实就无法高情商，尤其在职场，很多人把"见人说人话，见鬼说鬼话"等同于高情商，那么，它是高情商沟通的表现吗？不一定，而且我认为这句话更适合"左右逢源"这个词。我相信这个词，也是人们判断一个人情商高或低的常见标准，所以我在正式进入主题前，有必要阐述一下左右逢源不一定是高情商，避免大家未来落入这个思维陷阱。

左右逢源的含义是什么？相关的词语解析是：到处都遇到充足的水源，原指赏识广博，应付裕如。后也比喻做事得心应手，非常顺利。不过，你有没有发现，我们在日常生活中使用这个词的时候，也不免透露着另外一股味道。当你评价某人是个左右逢源的人时，似乎会有讽刺的意味，指这个人处事圆滑，善于投机取巧。

正因为这个词有褒有贬，所以拿捏好"度"是非常重要的一件事情。恰到好处的左右逢源，可能是高情商的体现；而过度迎合的左右逢源，就会让你掉入低情商的坑。我们来看看职场中常见的左右逢源的人，最常有的表现是什么？

第一种，被要求对某件事情明确表态的时候，他们往往不说"行"也不说"不行"，总之就是含糊其词，不管你怎么问，就是不给你一个明确的答案。尤其是谈到责任问题，那他们往往会给双方"各打五十大板"，谁也不得罪。

第二种，在分享劳动成果的时候，他们多半会谦让有加，如果有人欺负到他们的头上，基本上他们能忍则忍，尽量不把关系搞僵。

第三种，有人需要他们帮忙的时候，他们肯定来者不拒、照单全收，对他们而言，不管对方是好人还是坏人，基本都是可交往之人。

在现实工作和生活中选择做左右逢源的人，绝对不在少数。这是因为左右逢源可以给我们带来不少好处。

首先，左右逢源的人可以照顾到人和事的各个方面，不会因为遗漏了任何一方，而给自己带来不必要的麻烦；其次，在各种明争暗斗中选择左右逢源，至少可以明哲保身，不会让自己成为众矢之的；而且在同事间的日常交往中，如果我们左右逢源，那么至少可以营造一个看上去还比较和睦的工作氛围。说白了，左右逢源的人，在职场上树敌比较少，尤其是不太会挨领导的批评，这就是为什么很多人，内心虽然觉得左右逢源不是上上策，但本能的反应仍然与此趋同。那么，左右逢源不好的一面在哪里呢？它为什么不是上上策？

在我看来，善于左右逢源的人给自己带来的最大麻烦，就是会给别人留下不靠谱的印象，不是说他们的人品不好，而是因为他们好像跟谁的关系都不错，所以周围人不免会有所顾虑。比如人们心里会想：我跟他说了一些心里话，透露了一些相对比较私密的事情，他会不会转身就告诉别人呢？他看起来好像不止和我关系不错，他和别人也不错，特别是公司的 ×××，那我跟他走得近不是风险系数很大吗？所以，左右逢源虽然不会让你树敌太多，但也不容易让你被他人信任。

其次，工作中善于左右逢源的人，其实有点可悲，为什么这样说呢？因为他们经常会委屈自己，而这种委屈可不是小委屈，往往是大委屈，比如遇到升职加薪的机会，他们会有礼有节地谦让，而且不敢直接竞争，从而错过事业上升的绝佳时机。另外，因为他们很难说"不"，所以他们平时会替领导分担很多工作，帮同事很多忙，但他们总要牺牲自己的时间，耗费自己很大的精力。他们往往要花很多心思去搞人际关系，应付各式各样的人，因而活得很累。

当然，我也必须要给左右逢源的人敲一个警钟，你不仅会累，而且还可能让自己一事无成。因为当我们的精力都花在搞人际关系上时，我们就很难有余力去提升自己的专业技能，让自己有所发展。

小结一下，过于明哲保身，害怕得罪身边所有人，以及刻意讨好、迎合周围的人，就是过度迎合的左右逢源。过度左右逢源，既让你的内心委曲求全，又让你的外在失去立场，其结果就是，既容易被人欺负又容易被人忽略。特别是在向上管理的维度，如果我们总是唯唯诺诺，"老板说啥就是啥"，那么，你不仅是"受气包"，还会是"小透明"。所以，在高情商的向上沟通篇，我就来帮助大家拥有，既不得罪老板又能真实表达自己想法的能力，包括当你想拒绝老板的某些要求或任务时，你还能漂亮地说"不"！

## 面对善变、强势、挑刺或不拍板的老板，如何驾驭情绪

善变、强势、挑刺、不拍板，这四个词是下属最容易给上司贴的标签，但如果我们尝试换一个角度解读，可以理解为：有创意、目标感强、追求完美和人际导向。这就是本节开篇我通过对比两任老板的行事风格，得出的"接纳并欣赏差异"这个结论。

如何与不同类型的老板进行高情商相处，我们需要借助心理学的一些基础认知。

表 2-1　几大常见的心理学门派之间的关联

| 性格色彩（FPA） | 人类行为语言（DISC） | 行为特质动态衡量系统（PDP） | 特质 | 幸福来源 |
|---|---|---|---|---|
| 红 | 影响型 | 孔雀 | 热情开朗、创意多、社交型、情绪化、不担责 | 追求快乐 |
| 蓝 | 谨慎型 | 猫头鹰 | 低调内敛、善分析、重承诺、不善交际、苛刻 | 追求完美 |
| 黄 | 支配型 | 老虎 | 结果导向、抗挫力、大局观、控制欲、压迫感 | 追求成就 |
| 绿 | 稳健型 | 考拉 | 人际导向、善倾听、包容心、老好人、不进取 | 追求稳定 |

这张表格清晰地呈现了几大常见的心理学门派之间的关联。因为我个人是性格色彩的授证讲师，所以把性格色彩放在了第一列，本书不多展开心理学的解析，重在让大家初步有了性格维度的判断力之后，能结合情商来提升实战能力。

在我的线下培训的案例讨论环节，我时常会听到学员有这样的困惑："红色"老板热情开朗，思维也很活跃，但就是经常变来变去，实在是招架不住，怎么办？坦白地说，我特别能理解这类职场困扰，毕竟，身为下属的职责之一，就是落实老板的想法，但如果老板总有奇思妙想，下属的实施方案就得不断调整，经常从一稿改到二稿、三稿、四稿，甚至最后又回到了一稿，这时候的下属想不抓狂也难！

我们来看第二类："黄色"老板雷厉风行，做事果断且结果导向，但过于强势又不听别人的意见，实在也是消受不起啊。再看第三类："蓝色"老板心思缜密，行事谨慎且完美主义，但苛刻、挑剔也真是令人难受啊。

面对不同类型的老板，高情商下属的应对一定不是"是、是，好的"，当然也不是"老板，这不行"，那么到底应该怎么沟通呢？进入沟通篇之前，我们先进入情绪篇，也就是先理解为什么不能按上述套路出牌，换句话说，为什么下属面对老板的善变、强势和挑剔，明明心里不爽或感觉不妥，但嘴上却往往答应。这是因为我们此刻的信念是：说真话一定会被老板"拍死"。发现了此信念之后，请尝试改写信念：说真话真的"必死无疑"吗？有没有人表达真实想法之后，被老板欣然采纳呢？答案一定是有，所以，改写完的信念是：被"拍死"的真正原因不是说真话本身，而是说真话的方式。因此，说真话一定被拍死吗？当然不是，说真话的方式才是解决问题的关键。

除了上述三类，其实还有第四类："绿色"老板为人和善，低调、亲和且放权下属，但有时总也不拍板着实让人如热锅上的蚂蚁。关于这个问题需要单独讨论，因为下属面对这样的情况，并非是用"是、是，好的"这样来接招，而是根本不知道该怎么接。

举个具体的例子，某大型地产公司 HR 经理，多年前在我的培训中说出了他的困扰：近几年楼市惨淡，我们公司旗下的二手房租售门店需要关闭 40%，由我负责关店计划和裁员方案，我交给老板一稿后等待他的批复，结果迟迟没有回音，我委婉地催了两次仍然未果，我想可能是老板不太满意，于是我做了第二稿提交上去，但是老板还是没有批复。这位 HR 经理问我："老师，我到底应该如何与'绿色'老板沟通呢？"

我说："搞清楚沟通方案之前，我们先要弄明白老板到底因何而不满意，对吗？"他点点头，我继续："如果他满意肯定会拍板，但如果不拍板而且性格又是如你所述的特点，那你就得思考，他到底关注的是什么，以及你提交的方案中的关注点与他的想法有没有落差。你是'黄色'性格，所以，我猜想你的方案是从公司成本最小化的角度来设计的，对吗？"

"对呀，这个角度有错吗？"他疑惑地看着我。

"当然没错，但你也得兼顾你'绿色'老板的关注点，不是吗？"

他若有所思地点点头。此刻请允许我暂不剧透解决方案，而暂时做个小结。针对这四种困惑，从第一个"C"的角度，如何做到驾驭情绪呢？关键就在改写信念，比如这第四种：我以为我在用正确的方式（改方案）推进老板做决策，但其实这并不奏效，所以我应该调整推进方式。你看，这与前三种的改写信念"被'拍死'的真正原因不是说真话本身，而是说真话的方式"，是不是异曲同工？

所以，再次强调：探寻高情商的沟通方案之前，永远是先通过"改写信念"来做到驾驭情绪，这样你就会慢慢体会到平静的力量。

## 面对善变、强势、挑刺或不拍板的老板，如何高情商沟通

上一个小节，我们解决了情绪问题，现在就进入沟通篇章。两个人观点有分歧，如何走出刀光剑影或单方妥协的窘境，进入双赢沟通呢？第一章中的双冰山模型，就是高情商沟通的关键。

### 如何与不拍板的"绿色"老板达成双赢

沿用上节 HR 经理的案例，当时我们暂停在"他若有所思地点点头"，现在来探究一下他在"思"什么。

作为"黄色"下属，这位 HR 经理考虑问题一切以结果导向，站在公司利益的角度，HR 经理的裁员方案以成本最优出发是理所当然的，这就是他的动机。而"绿色"凡事以人为本，得罪人、伤害人的事情他决然干不了，这类事也必然让他内心不安，甚至想逃避，这就是"绿色"老板不拍板的原因。作为"黄色"下属，在充分理解老板的感受（不安）和动机（裁员方案实在太伤害人）的基础上，应该如何调整自己的推进方式呢？（1）提交方案时做好 ABC 三套方案；（2）表明自己最倾向于哪套方案；（3）阐述推荐理由，比如：

我个人推荐 B 方案，因为这套方案既符合整体成本预算，又能实现裁员人数最低或解聘员工补偿最优。

如此一来，让"绿色"老板拍板就不是难题。你不仅满足了他的动机，还兼顾了自己的关注点，这就是双赢。

## 如何与善变的"红色"老板达成双赢

借用上述场景，我们来探寻如果 HR 经理面对的是"红色"老板，又会怎样呢？

你提交了 A 方案，老板说"嗯，不错"，但当你刚刚开始执行，老板却把你叫来说"哎呀，其实我觉得 B 方案应该更好"，你咬咬牙说"好"，结果没过几天，他又对你说"我感觉吧，C 方案应该更妥善"，此时你一定咬牙切齿。继续忍吗？当然不行！但你也不能脱口而出"不行"。如何高情商沟通呢？你要先理解"红色"老板为何如此善变，其实他的动机并非想整你，而是因为他的目标不清晰，同时又容易受外界影响，所以经常听风就是雨。

你可以这样沟通："老板，我理解您改方案的时候都是希望结果更好，那我想跟您确认一下 C 方案的考量点是不是……"（你们有一段沟通来明确实行 C 方案的动机）于是你继续："目前的 B 方案替代最初的 A 方案，是基于……的考量，所以，这次更换之前，我们可否先确认这次关店和裁员项目要达成的目标，再对比不同方案的亮点，看看哪个更符合目标，您看可以吗？"此时老板多半会说行。要知道，你们讨论的重点不是换不换，而是梳理清楚高层期待达成的结果和 HR 能实现的目标，甚至要把与目标相关的各项标准，其优先次序都讨论一下，并达成共识。

这样的沟通，首先突破了打死不说真话的窘境；其次避免了直接说反对意见的风险；最后通过三步达成了共识：（1）同理对方选择 C 方案背后的感受（被认同）和动机（确认考量点）；（2）表达自己选择 B 方案背后的动机（当初替代 A 的考量点）；（3）尝试从双赢角度（达成项目目标）设计问题以弱化 B、C 观点的分歧。

最终结果，也许是老板放弃了 C 观点，也许是你接受了 C 观点（此刻绝非妥协而是理解），也许你们找到了其他方案，都未尝不可。

这就是双赢，从"红色"的动机角度（天马行空的背后是因为目标不清晰）规避风险，当然，千万别忽略了，"红色"也是在感受上极度需要被认可的人，所以，多一些情绪认同和目标清晰，你自然就提升了向上影响力。

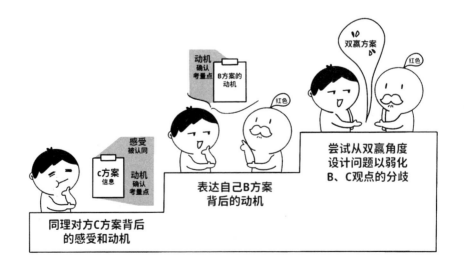

图 2-1 与"红色"老板如何达成双赢

## 如何与强势的"黄色"老板达成双赢

上述情境再做微调，此刻你交上去 A 方案，"黄色"老板立即给出意见"不行，应该用 B 方案"，你刚想解释一下 A 方案的理念，结果他说"别说了，去执行 B 方案吧"。通常，你肯定就闭嘴走人了，但内心很憋屈，最重要的是，带着负面情绪往往会让你的执行力打折，弄不好还会被"黄色"老板骂一顿，岂不更冤？因此，你必须要有勇气面对"黄色"老板，并告诉自己：不说其实会死得更惨！那么，怎么说呢？

首先你要理解"黄色"不由分说背后的动机是什么：第一，他认为自己是正确的，所以你说了也是白说；第二，多说无益，赶紧执行，重点是高效地拿到结果！

以上两点就是你需要掌握的关键点，于是，你可以这样沟通："老板，您放心，我肯定会去执行，但是我在执行之前，您能不能多给我 10 分钟时间呢？让我能确认清楚 B 方案是基于哪些关键因素而产生的，这样在 100% 理解的基础上，我才能确保结果不会有偏差。您看行吗？"此刻，"黄色"老板才会耐心地跟你讲解原委，也就是 B 方案背后的动机，这样，你才能确保自己理解了"为什么"，而非只停留于"是什么"。

所以，要想与强势的"黄色"老板达成双赢，第一，做到 100% 的理解，而非带着情绪去执行；第二，如果在理解"黄色"动机的基础上，你确定自己的方案更好，那就大胆阐述，比如这样告诉老板：我的方案能 110% 实现您刚才说的降本目标，您要不要听一下？由此，你完全有机会胜出，因为"黄色"老板要的不是"你听话"，而是"你厉害"。

图 2-2　与"黄色"老板如何达成双赢

## 如何与挑剔的"蓝色"老板达成双赢

继续沿用上述情境，此刻你拿着方案交给"蓝色"老板，他认真地翻阅着，并开始问你一系列问题："你的裁员方案上有一个数据，90%的员工会接受上述赔偿方案，请问这个90%的依据是什么？另外，执行阶段如果交由第三方公司来谈解聘，如果出现……的情况，你的备选方案是什么？如果又出现……的情况，你又有哪些应对措施？"我相信此刻的你，多半已经手心冒汗，甚至张口结舌了。面对挑剔的"蓝色"老板，首先一定得调整自己的情绪，而且你不得不认同，"蓝色"老板问的问题都很有道理，所以他并非故意挑刺，他唯一希望的是：方案落地执行时能做到万无一失。

　　那么，你应该如何调整自己呢？（1）提交方案之前，请努力站在"蓝色"老板的角度问自己两类问题，从而做到方案的完善，第一类"数据的可靠性"，第二类"可能的风险性"；（2）提交方案时，仍然遇到了自己忽略的问题，请一定不要胡编乱造（因为你一定会被"蓝色"老板的连环问戳穿），要坦诚应对："老板，这一点确实是我的疏忽，所以，我想请教您，假设出现……（比如员工闹事），应该如何应对？"我想告诉你，只要你敢于问，"蓝色"老板就一定会回答你，因为他所有问你的问题，他统统都有答案，而且他也很愿意教你，要知道，他的核心动机是：方案完美且无瑕疵。而你在这个过程中，能力会不断提升，热情同样未衰减。

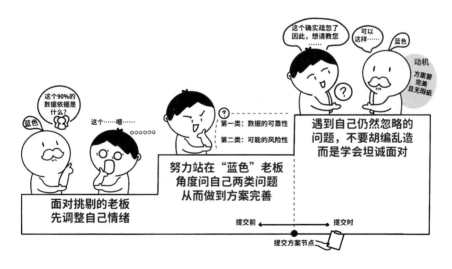

图 2-3　与"蓝色"老板如何达成双赢

总结本章节，在职场中我们会遇到形形色色的人，也会遇到不同类型的老板，很多人的跳槽或干得没劲，多半都与"和老板不对味"直接有关。而高情商的职场人会努力把"不对味"变得"对味"，这个过程很不容易，但结果无比美好。你不需要委屈自己，更不用负气走人，你只需要时刻记得"双冰山模型"，并时常提醒自己"双方的动机到底是什么"，慢慢地你就会发现自己处理问题的能力越来越强了。敲黑板：**跳槽多半源于"和老板不对味"，请努力把"不对味"变得"对味"。**

### 彩蛋：如何漂亮地说"不"

我的不少私教学员都问我："工作压力很大，老板还会时不时加压，比如，一周前才给了我任务 A，现在距离提交还有三天，他又给了我任务 B，时限是五天，明摆着连轴转也未必能搞定，老师，我到底接还是不接？"

我淡定地回答道："接不接其实我说了不算，我想问你大概率接还是不接呢？"此时学员往往苦笑着："硬着头皮也得接啊！"

这就是问题的关键点，下属无论内心有多苦，多半都会接受，因为下属此刻的信念是：不接任务老板会对我有意见。

可是，你有没有想过，如果接了这个任务，最后导致 A 和 B 任务做得效果都不好，或其中一个让老板不满意，他会不会对你更有意见呢？所以，你需要学会拒绝。漂亮地说"不"，真正的含义是：有条件地接受任务，换言之，如果你经常拒绝老板交代的新任务，结果就是"老板不再给你安排新任务",于是,你的职场晋升通道将被你亲手关闭。那么,何为有条件地接受任务呢?

第一步,认可老板冰山底层的动机:"老板,谢谢您对我的信任。"

第二步,表达自己的观点、感受和动机:"目前如果我接任务 B 的话,会很为难,因为手头的 A 已进入关键的收尾环节,时间上挑战太大。"

第三步,用高情商"但是"表明自己的态度:"但是,我也很希望能高质量地完成任务 B。"(常见的低情商"但是"皆为先扬后抑,而高情商"但是"则为先抑后扬)

第四步,有策略地谈条件:"所以,您是否方便把任务 A 和 B 的优先级排个序?如果任务 B 更重要,那么任务 A 的提交可否延后两天?如果任务 A 更紧急,那么任务 B 可否晚两天开始?"此时的老板会很愿意来排序。

而如果没有前三步,你直截了当地请老板排序,他多半会敷衍地说"都重要",因为他心里会想:你好像不太积极啊!当然啦,万一老板认真排序后还是发现"都重要、都紧急",那怎么办呢?这时你要继续高情商地谈条件:"好的,我明白了,那为了能按时、保质地完成任务 A 和 B,老板,您是否可以给我一些支持,比如,人力、物力,或短期内……方面的授权呢?"如此一来,你的老板怎会不心甘情愿地给予支持呢?

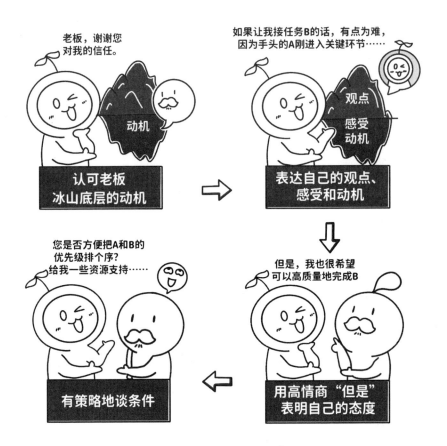

图 2-4　有条件的接受

　　俗话说"会哭的孩子有奶吃"，其实这句话在职场也奏效，日常低情商的"哭"，就是遇到解决不了的问题（比如跨部门冲突）则向上哭诉，而高情商的"哭"，则是让老板感受到你满满的积极态度之前提下，虽遇难题却带着解决方案向上要支持。这样的你，既不会让自己"压力山大"，又不会令自己陷入为难却不落好的尴尬境地，而且还能让自己"干出色的活，做出众的人"。

## 可 E 姐给你划重点

· 高情商的向上沟通，我们需要拥有的是，既不得罪老板又能真实表达自己想法的能力，包括，当你想拒绝老板的某些要求或任务时，你还得学会漂亮地说"不"！敲黑板：漂亮地说"不"＝有条件地接受任务。

· 探寻高情商的沟通方案之前，永远是先通过"改写信念"以做到驾驭情绪，这样你就会慢慢体会到平静的力量。

· 高情商的向上沟通，不需要你委屈自己，更不支持你负气走人，它需要你时刻记得"双冰山模型"，并时常提醒自己"双方的动机到底是什么"，慢慢地你就会发现自己处理问题的能力越来越强。

如果你想获得本书的所有金句和模型，请关注公众号：可 E 研习院，并回复"新书"，即可获得本书精华合集。

# 第三章

## 高情商 HR 的平行管理

• • •

HR 在企业内部的特殊性有很多，其中，与各个部门都会产生平行互动的特点，就意味着 HR 比任何部门都会更高地产生跨部门冲突。所以，总有一些 HR 小伙伴会抱怨说"太难了""太憋屈""真心吃力不讨好"，确实，HR 的工作内容绝非几大模块的专业内容，更考验他们的，绝对是处理问题的能力。虽然，人们都把情商归为一个人的软实力，但在我看来，情商其实是每一个职场人的硬核武器，为什么这么说呢？

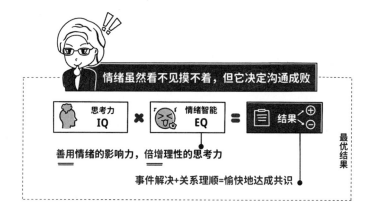

图 3-1  EQ 是你的硬核武器

看到上图中的公式，也许你会好奇：EQ 上面的中文为什么是情绪智能；IQ 与 EQ 之间为何是乘号的关系；"结果"的加减号又意味着什么？

EQ 这个词最早被使用时，并不叫 EQ 而叫 EI—Emotional Intelligence，就是情绪智能。只不过心理学家包括后来的管理学家，在推广沿用这个词的过程当中，特别希望它能和另外一个人们更耳熟能详的词做呼应（显然就是 IQ），因而把 EI 改成了 EQ。可问题是，当这个词成为 EQ 之后，反而弄晕了大部分人，很多人会误以为 EQ 的关键词是"情感"或"爱情"。但追根溯源至"情绪智能"，你会发现 EQ 的关键词就是情绪。**情绪虽看不见摸不着，但它决定着沟通的成败。**而且，其影响力能让智商与思考力倍增，当然，一不留神也会倍减智商与思考力的效力。

你还记得前文中"销售部与生产部"的案例吗？这就是平行管理中典型的跨部门冲突。接下来我会对照上图的公式为你深入剖析，高情商的员工到底应该如何突破此常见的怪圈。更重要的是，我相信你作为 HR，一定能从中获得一些启发，因为你几乎在工作中的每一天都会遇到跨部门合作的难题。

此案例的关键冲突是：销售说客户需要提前发货，而生产部的同事说不行，类似的冲突几乎存在于任何一个行业的任何一家公司，那么，上述冲突如何破局呢？

首先，高情商的销售永远不会做一个二传手，二传手的意思是，客户说 A，销售就向内部传 A，客户说 B，销售就向内部传 B，于是内部炸开了锅。高情商的销售在接到客户电话的那一刻，会合理管理客户的期待值，同时，问清楚客户需要提前发货背后的来龙去脉，此刻销售需要调动的脑细胞是：有没有可能不去破坏或大动生产计划，用其他方式来满足客户的需求呢？这样一来，内部的跨部门冲突将会大大减少。

其次，高情商的生产应该支持的是什么？两个字：弹性。弹性并不意味着销售说 A 我就答应 A，销售说 B 我就答应 B，要知道，那只是迎合，而弹性表现在"我能够理解并支持销售的感受"，什么意思呢？如果销售仍然做了二传手，但生产部员工的情商提高了，那么，他在接到电话的那一刻，一定不会简单地抛出"不行"这两个字，而会说："我特别理解你在面对客户经常变来变去的时候，压力也真的是很大的。"说出销售冰山底层的感受，此刻销售的感觉一定是被理解。再接下来，他可以继续说："你能不能再打一个电话给客户，问问清楚他提前发货背后的来龙去脉，我来看一看有没有可能不大动我们的生产计划，而分批次地满足你的客户的需求呢？"如此一来，即便销售的情商没有提高，但刚才那个被卡住的问题仍然可以漂亮地解决。

这就是高情商的最优结果，它必须同时满足：事件解决和关系理顺，而日常很多问题的解决却会以"关系"为代价，此类冲突后续最可能发生的，就是各自向经理告状，如果两位经理仍然以冲突收场，那就继续向上哭诉，最终无论老板判谁赢，另一方都会埋下一颗"情绪"地雷，未来再找合适的机会"引爆"。所以，在职场看似有很多"事"搞不定，但其实真正搞不定的是"人"，也就是关系，当然，我也需要说明一下，"关系理顺"并不等于百分之百的双方愉快，但至少可以做到不把关系搞僵。毕竟，有些场景确实需要某一方更多让步，甚至伤害到他的某些利益，但如果另一方不再是"就事论事"地要求他让步，而是用深层次理解的方式表达对他冰山底层的感受和动机的认可（这就是"同理心"沟通），此时他的让步会是因理解而妥协，绝非因无奈而放弃。

所以，**高情商的人，既拥有感性温暖力，又拥有理性思考力。**尤其对 HR 而言，从事的是人力资源的工作，但处理不好问题就特别容易得罪人，比如，公司新出台一系列人事方面的制度，很可能就会动了某些人的"奶酪"，而此时如果 HR 在下达制度时只是停留于冰山表层，强调"制度是什么，必须要执行"，显然得罪人的风险就会很大。所以在下达制度前，HR 就应该先思考：谁会不满意？他们因何而不满意？就算你没有解决方案，但你在和他们沟通中，可以用同理心的方式来表达对他们的理解，同时也表达自己作为"二传手"的为难，那他们真正为难你的概率就会降低，这就是一种"关系理顺"。而如果你还能带着解决方案来做高情商沟通，那结果更是皆大欢喜。

如此这般的"感性温暖力 + 理性思考力"，怎不是每个职场人，尤其是 HR 的硬核武器呢？由此，本章将为你准备招聘、培训和绩效面谈的主题。即便这三个主题与你现在的本职工作没有必然关联，请放心，我剖析的角度绝非 HR 专业，而是与"人"相关的共性话题。

# 招聘如何能给力

**请你带着这些问题阅读**

·招聘明明是 HR 的专业，但为什么总会被用人部门质疑呢？

·招聘需求到底该如何挖掘，才能为用人部门找到合适的人？

多年前我在惠普大学的情商公开课上，听到一位 HR 小伙伴的抱怨：招聘需求多，还特能"甩锅"！你一听就明白这句话的主语是谁，而且这并不是一句带着情绪的评价，因为有迹可循。比如，某部门因为没完成 KPI 而被老板批评，结果他不甘示弱道："老板，这不能怪我啊，都怪 HR 没有及时给我招到合适的人，人手不够啊！"更气人的是，偶尔发条朋友圈还有人评论："还有空发朋友圈呢！我的人啥时候到？"唉，一句话总结：做 HR 真是心累……

负责招聘的小伙伴，大多都有这样的困扰：辛辛苦苦找来面试的候选人，结果却被用人部门给了差评，甚至还被投诉"HR 不专业"；

用人部门时常发来紧急需求，可是人才市场上能立即匹配的根本就没有，结果又被投诉"HR 不给力"！而事实上，大部分 HR 明明既专业又敬业，却背着这些差评，你说冤不冤？

## 千挑万选的候选人为什么总被评价为"不合格"

回顾"自我管理"篇的重点，我们要从复盘中找到一个最匹配上述问题的工具，然后再进入问题解决篇。

第一章有四个小节，分别是：你的沟通为何总陷入崩盘或尬聊，无处不在的"沟通漏斗"到底由谁买单，迈向沟通高手的底层逻辑入门篇与进阶篇。第一节解决的是情绪认知，它是提升情商的基础，也是贯穿情商力和整本书的主线；第二节通过"沟通漏斗"这个工具提升思维模式，因为日常生活中我们遇到"沟"而不"通"的场景，总认为是对方的问题，但"漏斗"更想提示的是"我如何买单"；第三节和第四节中，分别通过"双冰山模型"和"情绪 ABC 理论"这两大工具，让我们坐拥成为高手的底层逻辑。

那么，在招聘的这个问题上，我们需要把"沟通漏斗"请回来做深入拆解。

## 为什么 HR 和业务的招聘需求总是对不上

HR 接到用人部门的招聘需求，这个过程中 HR 在"漏斗"下端，而用人部门在"漏斗"上端。此刻你可能认为，在听懂需求方面似乎不存在"漏斗"，但我想说：一定有！为什么我敢如此笃定呢？举例说明，假设销售总监对你说"请招一名资深销售"，你肯定会问他招人标准是什么，于是他说：五年以上、同行销售、目标导向。此刻，你会如何回应呢？这个问题，我采访了好几位销售总监，他们无一例外地告诉我，曾经听到的来自 HR 的回应基本都是"好的"。而接下来又会怎样呢？ HR 初试后交由销售总监复试，结束后总监对候选人特别不满意，原因是：一点也不符合"目标导向"的预期！为何会是如此尴尬的结果呢？答案就是这四个字：沟通漏斗！

## 运用"漏斗"，探寻问题的根源与解决方案

HR 明明是按照销售总监的三条标准选来的人，但为何还是不符合预期？原因在于"目标导向"。这条标准很难像前两条一样量化，所以，如何将销售总监脑海中的这幅画面予以清晰化，其实是 HR 的重任，否则，当你带着自己对这四个字的理解去选人，不符合标准的概率会非常高，这就是"沟通漏斗"惹的祸。说白了，你和销售总监对于"目标导向"的理解压根儿不是一回事。如何从"漏斗"的坑里爬出来，理解清楚销售总监的标准呢？

首先，我们先研究一下，当你带着自己的理解去选人，你会如何选：（1）通过自己设计的一些问题在初试时问候选人；（2）通过相关的测评工具邀请候选人进行测试。

其次，我们来剖析一下上述方法的问题在哪里：（1）以你的经验角度设计的问题，往往和销售总监在复试时问的问题不一样，所

以你们的结论就会不一样；（2）测评工具的局限是，对很多面试高手而言，他们很清楚地知道从公司或岗位角度，希望看到什么样的结果，所以他们测试时多半会以"应该选什么"为标准，而非"我的反应是什么"，由此，你相中的只是一个理想的"他"。

最后，我们来解析应该如何破局：（1）听完"目标导向"这个标准后，千万别就用"好的"给自己挖坑；（2）用高情商的方式学会同理＋提问："目标导向确实是一个好销售的标配，为了在这一点上找到符合您预期的候选人，我想多花一些时间跟你在这项标准的细节上达成共识。初试时我可能会问……这几个问题，不知道您怎么看呢？"此时，他会非常乐意和你一起探讨哪些问题是有效的。这样才是配合他做好一致性筛选的基础，也会避免你们之后陷入沟通漏斗的窘境；（3）测评工具的结果只能做参考，它只是辅助手段，而你要有能力做真正的主角。假设对方的测评结果，就是与"目标导向"非常一致的"黄色""力量型""老虎"或 D 型人才类型，接下来请学会提问："测评结果显示你具有很强的抗压性（目标导向的人一定抗压性很强），这一点我非常关注，所以，我很想听听与你相关的故事，是你认为最能展现自己抗压性特质的，工作和生活各一，可以吗？"于是，你可以通过"故事"再来判断他是不是合适的人选。

### 小贴士：听故事的过程中，你如何确定对方符合标准

上述第三步中向面试者提问题，也许你并不觉得它有多高明，因为很多人都会通过让对方举例来展开面试，但其实，难点就在于

听故事的时候，你怎样才能判断面试者符不符合标准。我为你提供的小贴士，仍然是"沟通漏斗"，我不是在忽悠你，且听我细细道来……

当你的脑袋里随时揣着"沟通漏斗"，它就会提醒你：避坑！比如，当对方说："曾经有一次临近合同期限，客户居然单方面提出毁约，当时我非常震惊但并没有放弃，我想尽一切办法最后仍然将合同如期执行了……"

这段话你一定能听懂，但听完也一定没有任何画面感，所以，就算真实性不容置疑，你也很难通过这段描述来判断对方到底是不是很抗压，因此你需要问细节性的问题，让这件事的画面感能够在你的脑海中清晰地呈现出来，犹如你看过一段视频，这样你才能判断：那件事是不是真的很棘手，他说的"想尽一切办法"是不是真的能说明他很抗压。你看，这就是你在不断地提醒自己"沟通漏斗"而规避的风险，此风险就是：哪怕对方的故事是真实的，但不一定充分符合总监所期待的"目标导向"。

当然，刻入你脑海的"沟通漏斗"并非是让你成为一个"怀疑他人"的人，它只是提醒你不断去校准"他表达的"和"我理解的"之间的落差，因此，当你提问时，千万别掉入另一个坑：让对方有被质疑的感觉！为什么你会一不留神掉入此坑？换位思考一下，当你不断地被他人连环问（尤其问细节）的时候，是不是本能地会认为"你是在质疑我吗"，所以，再次强调：**高情商提问必须先同理，因为若不同理就成质疑。**

比如："这个情况太有挑战了，当时你是怎么想的呀？太厉害了，那后来你想了哪些办法呢？你刚才说的……这个办法真不一般，我很好奇，客户之前为什么会毁约呢？"这些问题是不是让你感觉很想回答呢？因为，每个问题前面，我都先同理了对方冰山底层的感受或动机，这样传递给对方的是一种积极的信号，所以对方会愿意回答。这也是为什么本节伊始，我为你总复盘第一章要点的原因，还记得吗？"情绪"是贯穿情商力和整本书的主线，换句话说，情绪没有调频至积极状态，好奇也会变成质疑。

以上就是我通过招聘销售的真实案例，来拆解候选人不符合预期而被评"HR 不专业"的原因和解决方案。至于紧急需求找不到合适的候选人而被评"HR 不给力"，原因还是"沟通漏斗"，解决方案如下：（1）越紧急越必须了解清楚需求的原因，比如，需要该岗位解决什么方向的问题，以及招聘的具体标准是什么，否则后患无穷；（2）选人的过程中 HR 遇到的难题和尝试的方法，需要阶段性地提炼并汇总给用人部门，并不时询问"如果没有完全符合的候选人，哪些标准可以弱化"这类问题，让对方感受到你的用心和为结果的操心，千万别到了时间期限只是通知对方未招到合适的人，这样往往会让对方误以为"你什么也没干"。

## 可E姐给你划重点

·对于很难量化的标准，HR的重任就是予以清晰化，否则，当你带着自己对这个标准的理解去选人，失败的概率会非常高，这就是"沟通漏斗"惹的祸。

·测评工具只是辅助手段，高情商的提问是关键，无论是与用人部门负责人进行事先确认，还是面试过程中邀请候选人进行故事描述，都是避免"漏斗"陷阱的良方。

如果你想获得本书的所有金句和模型，请关注公众号：可E研习院，并回复"新书"，即可获得本书精华合集。

# 培训如何能落地

**请你带着这些问题阅读**

·培训明明是 HR 的专业，但为什么总会被需求部门诟病？

·HR 挑选培训供应商或培训师，到底什么才是能落地的标准？

日本管理之父松下幸之助曾说：松下公司与其说是造产品，倒不如说是造人。这句话意味深长，与"造人"最相关的 HR，绞尽脑汁地就想为组织"造"出合格的人才，但现实又是什么呢？

HR 苦口婆心地告诉老板：培训非常重要，不仅能提高员工的素养和能力，还能提高企业的效率和效益，甚至还是企业在竞争中立于不败之地的关键。于是，不同形式的培训在企业风风火火地办了起来，但是，当"激情燃烧的岁月"逝去之后，HR 却发现员工似乎收获并不大，还总抱怨培训耽误时间，而老板的脸色……

负责培训的 HR 小伙伴，大多都有这样的困扰：明明是满足业务部门的培训需求，可就因 HR 承担出勤率指标，结果临到培训时反倒成了他们配合我们；明明是他们说要找"大咖"来培训，HR 千挑万选请来培训师后，他们却轻描淡写地评价为"不太落地"！唉，HR 小伙伴有时如窦娥一般，怎么办呢？

## 场景一：明明是满足业务部门的培训需求，怎么到头来反倒成了他们配合我们

培训考勤的 KPI 往往不由业务部门承担，而是由 HR 负责，所以，一到培训现场 HR 就要承担催促和提醒的工作，这项工作本身没什么问题，有问题的是当有人未按时培训，我们催促、提醒甚至惩罚了，业务部门的老大和员工就不乐意了，但他们更应该思考：嘴上说培训很重要，可真正开始培训时为何又把培训自动排名最末？

这就是问题的症结，提出需求时十万火急，参加培训时却自动靠后，这到底是为什么？真的是需求部门的人都口是心非吗？正解是：人都是趋利避害的动物。所谓"趋利"，指的是提出需求时脑海中浮现的是：如果培训成功实施，将会产生哪些美好的画面；所谓"避害"，指的是参加培训时一旦有安排上的冲突，脑海中马上开始计算得失的优先次序，如开会对比培训、见客户对比培训、老板临时安排的任务对比培训，你发现了吗？此时换作是你，也多半会将培训自动靠后！为什么？因为它看起来最没有代价，而其他安排如果不进行看似都有后果，这就是人性。所以，如何破局呢？很显然，

就是为"培训"这件事安装"后果键"。敲黑板：**人性必然趋利避害，请为培训安装"后果键"。**

我先分享一下惠普大学和奔驰大学的做法，相信会对你有所启发。我的情商课程在 2013 ～ 2015 年被惠普大学连续采购三年，于 2016 ～ 2018 年被奔驰大学连续采购三年，我惊讶地发现这两家毫无关系的企业在一件事情上居然惊人的相似：每次我上课前，都会有 HR 负责开场，而开场内容其一就是宣读"游戏规则"。规则大致是：如果缺席或无故提前离开，将会收到 HR 部门的警告信，两次后则取消下一次的课程报名权。

虽然这是内部公开课的规则，但我相信内训仍然有参考的价值，而且，这里的重点是，即便考勤仍属于 HR 部门的 KPI，但我们还是可以设计与之相关的制度，与"当事人"的代价直接挂钩。这样他们在面对突发性状况需做优先排序时，才会重新评估培训项的次序，而非如以往般不假思索地将其自动列为最后项。

当然，这也引出了另一个问题，如何让培训成为大部分人的优先项，其实关键就是培训效果，换言之，培训效果越好大家就越珍惜，而培训效果或口碑越平平，那类似的规则就越没有约束力。我相信，惠普和奔驰大学之所以能用"两次警告则取消一次报名权"来约束大家，就是因为 HR 团队对课程效果相当有底气。如果用我的课程来举例，HR 的底气用什么来证明呢？很简单，每次报名链接一旦开放，5 分钟之内 25 个席位一定被马上抢光，26 ～ 30 号席位为候补席，开课前正式席位有人请假则候补晋升。你看，大家抢着来上课的正循环，怎会不让 HR 轻松？

重点也来啦，你作为 HR 如何能开启这样的正循环按钮呢？我们进入场景二。

## 场景二：明明是他们说要找"大咖"来培训，怎么我们千挑万选请来后却又不落好

比如，销售总监提出团队业绩需要提升，希望聘请销售领域的大咖来培训，我们赶紧联系培训机构开始挑课程、选讲师，而这两天培训的挑选标准与流程，绝对不亚于任何一项百万预算的筛选 SOP（标准作业程序），结果"大咖"讲完课，他们却轻描淡写地评价了八个字：讲得不错但不落地。我们 HR 也太难了！

这个场景是企业内训，而惠普大学和奔驰大学的例子属于企业公开课，但其实对于 HR 来说难度是相当的，甚至从某种角度而言，公开课的匹配度难于内训，因为公开课是对全员开放的，更有可能众口难调，而内训不是同一个部门就是同一个职级，相对而言更有针对性。接下来我分别以培训师和培训机构负责人这两个视角，来谈谈企业内部的 HR 如何能投入了精力还落好。

首先，我从自由培训师的身份来谈谈，我是如何让 HR 因选择了我而确保了零风险。仍然用惠普大学和奔驰大学来举例。我和惠普签约是因为前程无忧的推荐，和奔驰签约则缘于肯耐珂萨的推荐，前程无忧和肯耐珂萨都是上海很有名的培训机构，我与这两个培训

机构有多年的合作与默契。但是，机构再有品牌力、顾问再有影响力，也很难一次性签三年的约，所以，从内部公开课的角度看，两家企业大学都会有相应的标准。

惠普先计划做一个总监级的内训，如果本次培训的反馈达到多少分则列入公开课的三年计划，事后我才知道惠普的总监内训向来都是挑战指数最高的，几乎所有进惠普大学的课程都需要先过这一关，我就是在 2013 年的 3 月份因挑战成功而开启了三年之约。那么，奔驰的命题是什么呢？奔驰要求做 HR 团队的试讲会，两个小时的演示如果能过了他们的法眼，那么就有机会进入后续的采购环节。

我用这两个例子是想说明，如果你负责企业内部的公开课招标，千万不要只是因培训机构的品牌或顾问的推荐就开始比价，而是你要出一道相当有难度的题，让被推荐的培训师实地接受考验，而非只是看履历或进行电话会议就做出决定。那么，如果你负责内训又该如何把关呢？

接下来，我以培训机构负责人的视角来聊聊，企业 HR 应该如何挑选中意的项目。我从 2010 ~ 2015 年都是自由培训师，但我在 2015 年年底做了一个大胆的决定：取消 2016 年与某机构的 60 天全年公开课计划，因为从 2016 年开始我要培养讲师团队，我必须把自己的全年课程量从 150 天下调至 80 天左右，才能有足够的精力培养人。那么，我为什么要如此冒风险地去培养人呢？要知道，这个问题可是当年好几位关系很近的机构负责人问我的问题，他们都说"几乎没有讲师愿意培养人，俗话不是说教会徒弟饿死师父嘛"，当年的我一拍胸脯说："我有心理准备，但我一定不会饿死！"其实我的心声是：我想做培训的深度。

对，"深度"这个词就是我想聊的重点，也是所谓"中意的项目"真正的考量标准，如何理解呢？企业大部分的内训需求，都不是单课而是项目，比如，中层管理者的领导力项目、销售（客服）团队的服务力项目，每个项目一般都会有不同课程来搭配，而我发现大部分的项目都只停留在"宽度"。

举个例子，2012年12月，我受邀给一家融资租赁公司的管理层做培训，主题是"心理学在领导力中的运用"。培训前我问机构的顾问"这些学员还上过哪些课"，他说："这家公司很有钱，每个月对管理层都会安排一门课，整个领导力系列由您的课收官，前一个月的主题是跨部门沟通。"当时我的心里就咯噔一下，咯噔的不是"有钱"二字，而是月月都上课。"每一门课之间有关联吗"，这是我疑惑的点。

果不其然，我的担心立即得到了验证，同批学员当年从3～12月一共学了10门课，而这10门课之间都是独立存在的，那么问题是什么呢？消化不良！比如，11月的跨部门沟通这门课包含DISC（人类行为语言），而我这门课的重点是FPA（性格色彩），你可能会说反正都是心理学，不矛盾呀，可是我想说确实不矛盾，但学员无法融会贯通。刚刚入门了DISC，现在又来了FPA，它们之间有何关联？如何运用？哪个更好用？这些问题都是困扰学员的真实问题，但往往他们不会去问HR，也不一定会问老师，因为问了也多半没有人可以解答，可是，困扰却真实存在。

所以，站在参训学员的角度，每月学一门课看似是公司的激励或福利，但其实学员一年学了10门课又有多大的可能将其融会贯通呢？要知道：想让学员上了N门课就融会贯通，根本行不通。所以，那次上课的时候，我首先分享了DISC与FPA之间的相似和差异，然后解析了两份测试报告的解读如何有机结合，最后再剖析FPA在领导力中的运用。我特意增加了前两个部分，是因为我知道那一定是学员想知道却又提不出来的需求。

我分享这个案例的用意是什么呢？HR需要从学员的视角来选择项目，与其某个项目里面是多个课程的宽度叠加，还不如选择有"深度"的项目：第一类，项目中是否有一位或几位老师，能将多个课程中的某些知识点联系在一起，便于学员融会贯通地将不同课程的关键要素做整合性的理解与消化。比如，上述我举的DISC与FPA融合的例子，又或者，我曾经在前程无忧的一些内训项目中，将"情境领导II"与"情商领导力"做知识整合，这对于学员理解和应用所讲的内容起到了加分作用。这样学员评估就不仅仅停留于课程是否有趣、印象是否深刻，而是整个领导力项目是否对自己提升认知和改变行为有价值，如此一来，HR就根本不用担心自己费心引进的培训项目最终评价不高了。

第二类，项目的课程门类不一定很多，但其中有一门或几门可以真正落地，比如，不再是多个课程的打包组合，而是某个课程的培训与辅导的深度结合。

我擅用以下这两种方式为企业做有深度的项目设计：（1）以情商为主线设计不同课程，为同一批学员服务，核心是真正学会将情商思维与能力用于不同的领域，比如，2018年，上海康德莱医疗器械股份有限公司的管理层年度培训，正是以情商为核心，包含5门课程的项目，分别是：如何知人善任、跨部门沟通与协作、高情商问题解决、教练式员工辅导与愿景工作坊，一年下来，学员的感触和收获很大；（2）以情商为一门课程，结合后续若干次的团队辅导，将理论与实践真正做到融合，以提升学员的情商力，比如，2019年，东方国际集团上海荣恒国际贸易有限公司的全员年度培训，先以标准版情商课程做全员普及，之后将员工和管理层分班进行四次落地辅导，结合各自在应用中的实际问题做剖析和解决方案的梳理。项目结束时，无论是学员的反馈还是企业端的反馈，都取得了空前的好评。

　　我用自己14年来服务企业培训项目的体验，最终提炼出"深度"二字，送给所有在企业内部的HR一个考量乙方的标准，这个标准最大化地满足了学员的需求，也是让培训真正能落地的关键。毕竟，没有人希望自己劳心劳力选择的培训，最终却不被员工认可，甚至还遭遇投诉，而当我们用高标准即"深度"去筛选培训供应商的时候，"培训落地"这个目标才有了保证。

## 可E姐给你划重点

·HR希望全员都能将培训列为优先项，其实关键就是培训效果。换言之，培训效果越好大家就越珍惜，而培训效果或口碑越平平，那制定的规则就越没有约束力。

·HR需要拥有学员视角来选择项目，与其某个项目里面是多个课程的"宽度"叠加，还不如这样来选择有"深度"的项目：要么能融会贯通，要么能落地辅导。

如果你想获得本书的所有金句和模型，请关注公众号：可E研习院，并回复"新书"，即可获得本书精华合集。

# 绩效面谈如何谈

**请你带着这些问题阅读**

· 面对绩效靠后的员工，平行部门的面谈为何总是流于形式？

· 绩效面谈到底怎么谈，才能让平行部门管理者轻松应对？

"我想和你简单聊聊年中绩效考核的事情，不会太久。"

"哦，好吧。"

"你的上半年业绩总体来说还可以，但相较于其他同事，还是有比较大的进步空间的，所以我给你的综合打分是 B+，你也谈谈自己的看法吧。"

"目前的市场情况你也是知道的，我已经很努力了，我觉得上半年的绩效还是不错的，至于没有达成的几项指标，其实都是有其他原因的。"

"原因是有很多，但是你不要总是找外部原因嘛。"

"可没有及时的支持和资源，我也没有办法啊……"

一场尴尬的绩效面谈就这样戛然而止，管理者很无奈，员工也很憋屈，所以，对双方来说，绩效面谈都让人颇为头疼，甚至很多管理者问 HR：绩效面谈不得不谈，请问到底该怎么谈？

本节我们通过一个实际案例来进行还原、诊断和解析上述问题。

## 案例背景

谈到"绩效"就离不开"面谈"，这戳中了几乎所有管理者和 HR 心中的痛，因为绩效面谈最容易出现的画面就是：尴尬。

而尴尬还分为不同的类型：员工不接受考核结果、员工感觉不公平是因为老板凭感觉打分、员工抱怨只有结果却没有辅导的过程、员工不在乎绩效考核垫底。而更尴尬的是来自业务部门对 HR 的抱怨：业务太忙根本无暇面谈，非要面谈就是在制造人为冲突！

于是，HR 很郁闷：绩效面谈明明是部门负责人的职责，但为什么到头来成了我们在搞事情？！

HR 部门根据绩效为每个部门做了一份正态分布图，希望部门负责人进行一对一的绩效面谈，尤其针对分布图两端 20% 的员工要进行重点谈话，让优秀的更优秀，让后进的能进步。可任务传达后，各部门负责人有的怎么催也完不成，而有的虽完成了也是在敷衍了事。最令 HRD 头疼的是："居然有好几位负责人与后进员工面谈时的开场白竟不约而同地说'其实不是我想找你谈话，是 HR 一定要我来跟你谈谈绩效的问题'！他们这不是在推责吗？"

## 问题症结

平行部门的负责人为什么会把"球"踢给 HR 或高层呢？这个问题在我看来，其真正的原因是：他们不具备驾驭高难度谈话的能力！

事实上，"给差评"对于大多数管理者（包括 HR）来说都是挑战，毕竟，要面对每天抬头不见低头见的同事，告诉他业绩靠后甚至垫底，这不是一件轻松的事，我们多半都会担心对方听完差评心里不舒服，影响彼此在公司里的关系。所以，我们一般都很乐意和先进或中等员工面谈，因为谈话氛围必然愉悦或平静，而一想到要和后进员工面谈，我们整个人会开始紧绷。

在这样的压力之下，"趋利避害"的人性会令很多人产生"逃"的欲望，作为管理者，职责所在，身体逃不走，心早已逃走，于是，管理者就会自然而然地把 HR 搬到了台前。那么，管理者搬出 HR 的初衷是什么呢？其实并非"踢皮球"，而是"挡子弹"！换言之，**平行部门执行不到位，往往因畏难而想逃。**

## 案例解析

通过上述分析，你显然明白了答案并不在于如何让管理者担责，而是 HR 如何赋能管理者拥有高难度谈话的能力。那么，第一步是什么呢？

### 1.HR 先拥有高难度谈话的能力

事实上，这项任务的传达原本就是一场高难度的谈话。难在何处？高情商 HR 在传达任务前就应该预估：部门负责人接收这项任务时，内心感受是什么？轻松还是艰难？如果很艰难，那么他们会不会因为畏难情绪而执行不到位？这些问题其实就是"沟通漏斗"的实战运用。换句话说，无论 HR 是以邮件形式还是面谈方式发布了任务，接收方的"好的、收到、知道了"等回复，并不等于他们发自内心地接受，而这一层的"漏斗"就必然决定了结果会"漏"得更严重。

高情商 HR 带着"漏斗无处不在"的意识，预估这一系列问题多半会出现，于是就会调整自己的方式：（1）这类有挑战的任务当面沟通远胜于发邮件，因为邮件很难达成真正有效的双向互动；（2）当面沟通时切不可就事论事地下达任务，而应用同理心打开对方的话匣子。比如，目前公司确实需要负责人与正态分布两端的员工进行重点谈话，所以我猜想和后进员工的绩效面谈，可能会给大家带来一些压力，不知道你的感受是什么？（3）针对对方的具体顾虑给予指导性的建议。

这样深入的沟通才开启了 HR 与平行部门负责人之间的高情商互动，那接下来的第二步是什么呢？

## 2.HR 再赋能管理者谈话能力

HR 要把高难度谈话的能力教给管理者。

第一步，设计一个高情商的开场白，尤其针对后进员工的感受先进行同理，比如，这次的绩效考评你排名倒数第二，我知道对于这个结果你也并不满意，是这样吗？如果对方一向知道自己的绩效在什么位置，那就用"不满意或沮丧"等关键词来同理；如果对方不太清楚的话，可以用"不满意或惊讶、不服气"来同理。

第二步，根据管理者对员工细节的了解和对方的真实反馈，给予积极的回应，比如，其实我研究过你的业绩状况，虽然整体结果确实不令人满意，但我发现你的……（如：客户拜访率、电话时长、客户满意度）这些方面还是不错的。

第三步，针对未来可提升的空间进行讨论和指导，比如，这次面谈我很想针对你的……这些方面，跟你一起来探讨如何提升，你看好吗？

如此一来，后进员工的绩效面谈就能谈出新高度，因为员工感受到的不是被挑刺和不认可，而是来自管理者的"看见"和可预期的成长空间。所以，**面谈能突破尴尬，源于员工被看见**。由此，员工对接下来的面谈会很有意愿，而非以往可能产生的抗拒心理。同时，对于管理者而言，这三个步骤可以将谈话氛围掌控在积极的频道，虽仍有压力但过程和结果总体比较愉快。而这样的方式不仅拉近了上下级之间的关系，更实现了后进员工可进步的目标，从而，突破了将绩效面谈停留于以往或流于形式，且多半尴尬的频道。敲黑板：谈话议题可以很有挑战性，但是结果可以很愉快。

### 3.HR 心态赋能：绩效面谈的高情商底色

我在一次与一些 HR 伙伴的研讨中，一位 HRD 提出这样一个困惑："刚才我们讨论绩效面谈时，似乎有一个关键点，就是最好不要让员工感觉不舒服。那么，这样会不会在某种程度上，让他无法意识到问题的严重性呢？毕竟，从企业的角度，明明是他可能会面临淘汰，我们好像还要哄着他，这个'后果'和'客气'之间的度该怎么把握呢？"

我认为这个问题特别好，它反映了在真实情境中 HR 的两难，一方面要让后进或垫底的员工意识到问题的严重性，另一方面又要顾及其感受而不能搞僵谈话，所以，"度"的把握在于"温柔而坚定"的高情商底色。

"温柔"在于两点:（1）语气平和、表情柔和;（2）措辞上要用同理心展现对他的理解。"坚定"也在于两点:（1）问题的严重性无须遮掩;（2）提升的改进性必须谈透。所以，谈话不让员工感觉不舒服，不等于让他没有任何压力。

以往，我们只是坚定地展现了问题的严重性，而缺乏对员工在感受层面的不满、不服、沮丧、困惑的理解，同时，在改进点上也只是泛泛地建议，而非具体且有针对性地指导。所以，这些"不舒服"的感受令员工处于抵触情绪中，自然也就缺乏上进的动力。而现在，我们的调整就是落实"温柔而坚定"的高情商底色。

### 小贴士：警惕"三明治"反馈的风险

"三明治"指的是：肯定 + 建议 + 期望，谈话往往会从表扬对方的优秀行为开始，那风险是什么呢？进入第二步"建议"时，必不可少地会用到"但是"，于是，对听者来说关注的重点就是先扬后抑的"抑"，也就是管理者对自己不满意的部分，很显然听者情绪的曲线就会下跌，所以我建议你着重训练自己学会先抑后扬的"但是"。

下面两段话哪一个是你更乐意听的版本呢？

版本一："小王，你上半年的总体表现在 A 方面特别好，但是在 B 方面还是比较弱，我对你的建议是……，希望你在下半年有……的提升。"

版本二："小王，你上半年的表现在 B 方面没有达成预期，但是我发现你在 A 方面表现很不错，尤其是……的细节让我感觉你很善于……，我相信你一定希望在下半年有提升，所以，我对你的建议是……，期待你接下来有……的提升。"

如果你是小王，我相信你一定能体会到先抑后扬版本"但是"的魅力，期待你在实战中应用起来。敲黑板：**低情商的"但是"先扬后抑，高情商的"但是"先抑后扬！**

## 可E姐给你划重点

· 面对绩效面谈，平行部门的负责人为什么会把"球"踢给 HR 或高层呢？这个问题在我看来，其真正的原因是：他们不具备驾驭高难度谈话的能力！

· 后进员工的绩效面谈，HR 首先要用同理心的方式进行高情商的任务传达，然后再将高难度谈话的能力赋能管理者，让他们有能力轻松应对。

· "温柔而坚定"是高难度谈话的底色。"温柔"在于两点：(1) 语气平和、表情柔和；(2) 措辞上要用同理心展现对他的理解。"坚定"也在于两点：(1) 问题的严重性无须遮掩；(2) 提升的改进性必须谈透。

如果你想获得本书的所有金句和模型，请关注公众号：可E研习院，并回复"新书"，即可获得本书精华合集。

# 第四章

## 高情商 HR 的向下管理

· · · ·

借用电视剧《心术》的一段上下级沟通脚本，开启本章。

### 脚本背景

霍思邈和刘晨曦都是一家三甲医院脑外科的名医，霍思邈是已故老院长的儿子，性格外向且风流倜傥；刘晨曦没有任何家庭背景，性格内向且传统保守，他们对于什么样的病例必须动手术有着观念上的分歧。

霍思邈正在追一个女孩，这个女孩是一位离休干部的女儿。老干部原本只是到医院来做体检，并检查一下牙齿疼的问题，没想到查出了脑瘤。霍思邈作为主治医生主张手术，而刘晨曦认为没有任何显性症状的小肿瘤无须开刀，更认为霍思邈是因为追女孩求表现这样的私心而要动刀。于是，沟通伊始，刘晨曦带着师兄和上司的双重身份向霍思邈发难了。

刘：就这么一个小瘤，你开它？什么是95%的成功，5%的失败？有这么劝病人开刀的吗？

霍：老大，我在医院开刀10年，这种手术没有一例失败。我征求过他们全家人的意见，他们全家人都同意，我才这么说的。

刘：我看你是谈恋爱谈昏头了，任何手术没做之前谁都不知道结果。我们开刀的原则是如果为了挽救生命，有1%的可能也要做，如果不是的话，有99%的安全也不做。这原则谁说的？

霍：我爸说的，所以你们不敢反驳嘛，可是我认定这个道理到了今天不适用，30年前做任何一例手术，风险都比现在要大得多。你在30年前能想象现在有显微外科吗？现在做这个手术的成功率有99%，我放着99%的成功率不做，我等着到1%的时候再做？

刘：这个瘤子对这病人的生活没有任何影响，我们都知道，世界上大部分人都是带瘤生存，有些根本就不生长，不会影响到生命。

霍：带瘤生存和不带瘤生存的生命状态完全不同，在生命质量上有天壤之别。

刘：告诉你，我们前一段的医疗官司到现在没有了结，我反对你这样冒险行事，尤其是在有个人情感因素在里边的时候，我觉得你现在是丧失理智。

霍：我恰恰觉得我现在是理智的，我觉得你现在像被蛇咬了以后的农夫，连井绳都不敢碰了，我不会因为一次手术的失误，对下一次的手术失去正确的判断，我该开的刀不敢开，该负的责任不敢负吗？

刘：这是生命，你别忘了还有 5%。

霍：这个病患今年 58 岁，是开刀的花样年华。你和我都是专业大夫，咱俩都知道这个瘤子早晚越长越大。我现在不做，我等什么时候做，等她 68，等她 78，等她瞎一只眼，那时候就剩 1% 了，那时候安全是吧？

刘：这病人来的时候，其他的都很好，就是来治牙疼的。我们医生开刀没有 ISO 质量体系这样的行业标准，开不开，全凭医生的职业素养和职业道德。也就是说我们在用专业知识扮演着上帝，你要保证自己没有魔鬼之手，面对生命我们得慎之又慎。

霍：咱俩在医院一起待这么多年了，如果我的人品不好，咱俩不会好成现在这个样。举贤不避亲，做手术也一样。这个姑娘我追与不追，不影响我对这个手术的判断。无论从病情到术后恢复，我认定现在是做这个手术的最好时间，我现在有 99% 的安全系数不做，我绝不等到 1%。现在的人都快活成妖精了，城里的人能活到 90 岁，我绝不允许我的病患在六七十岁以后活在黑暗里。老大，咱大夫的职责，除了救死还有扶伤。

刘：好，但愿是这样。

　　虽然他们进行的这段对话算不上愉快地达成共识，但至少，刘晨曦最后是基于理解而不再反对霍思邈。从某种意义上来说，霍思邈已经取得了巨大的成功，因为刘晨曦是他的好友、师兄、上司，虽然不至于刘晨曦不同意他就做不了手术，但是，无论是从友谊还是同事间的关系，霍思邈都很希望能得到对方的支持。因此，这段对话对霍思邈而言可谓是成功的向上管理。那么，为何我将此放在向下管理这一章呢？我们带着好奇心往后读……

# 高情商向下管理，关键第一步是什么

**请你带着这些问题阅读**

· 和团队成员达成共识，你的职权效应可能会占比多少？

· 都希望下属能发自内心地认同，那么关键因素是什么？

· 与下属发生严重分歧甚至冲突，有没有可能平静化解？

下属正在汇报工作，上司说："我打断一下，你刚才说的不是我的意思，我的意思是……"下属听完说："哦，好的，那就按您的意思办。"这类很典型的上下级沟通，看似是双方达成了共识，但效果如何其实大家心照不宣。

而开篇《心术》的节选，上下级平静地达成了共识，这属于高情商沟通的典范。那么，谁的情商更高呢？我认为是霍思邈，因为他没有被刘晨曦的情绪带乱节奏，整个沟通过程他的平静和娓娓道来，将起初就具有火药味的沟通推演至最终的共识。

我想借这个片段告诉你一个事实：职场中如霍思邈般的高情商下属只有少数！换言之，千万别期待你的下属都具备高情商来应对你的情绪，你要先驾驭好自己的情绪，继而再影响你的下属的情绪和行为，这就是高情商向下管理的第一步。这一步其实又特别难，不信的话，我先为你剖析这段对话的脚本。

## 这段对话是如何化分歧为双赢的

这段对话的一开始是刘晨曦反对霍思邈做手术，甚至批判霍思邈执意开刀是谈恋爱昏了头，其潜台词就是，因为追女孩想在未来丈母娘面前显示自己是外科"一把刀"。但双方沟通结束后，刘晨曦在内心深处对于霍思邈一定要开刀的理解已经逆转。那么，这层理解到底是怎么发生的呢？

刘晨曦和霍思邈的性格不同，成长环境也不同，他们对于一个没有明显症状的肿瘤开不开刀，双方的观念是完全不一样的，相对比较保守的刘晨曦认为：没有症状带瘤存活的人很多，不需要去冒手术的风险，哪怕这个风险只有 5% 甚至是 1%。而对于霍思邈来说，虽然带瘤生存的人确实很多，但是肿瘤慢慢恶化会逐渐影响个人的生活质量，所以他会选择在手术成功率最高的年龄段为病人开刀。

那么，如此有分歧的理念到底是如何达成共识的？这就是之前分享过的情商核心理念：**所有的负面事件背后，往往隐含着正面动机。**

站在刘晨曦的角度，他乍一听说，这样一个良性肿瘤居然要选择开刀，这对于他来说是负面事件，而人的本能不是找正面动机，而是给对方贴标签，他给霍思邈自动贴上"出风头""追女孩昏了头"等标签，但双方经过深入沟通，尤其是霍思邈非常平静地告诉他，为什么从观念上他们会有如此巨大的不同，最终，对刘晨曦来说，同样的病例他自己仍然不会选择手术，但是，他理解了霍思邈的动机，至少不再反对，这就是一种双赢的沟通。

现在你能理解为什么我会认为，霍思邈的情商更高吗？因为他至少屏蔽了情绪的影响，要知道这已然非常不容易，很多时候，当人们面对他人的质疑甚至批判的那一刻，本能就会有情绪的反弹。这段对话的一开始，大部分外向又有能力的下属，面对亦师亦友型上司的批判，可能就会说出："我哪里是因为谈恋爱才要开刀，你也太小瞧我了吧！"如果这是剧中霍思邈的第一反应，那接下来双方的对话会越来越激烈，火药味也会越来越浓。

所以，霍思邈高情商的第一点是控制住了自己的情绪，第二点是说出了自己的动机，也就是"为什么我和你们会选择不同"。其实霍思邈的父亲是这家医院的老院长，很多医生包括刘晨曦都受到了他的理念影响。霍思邈选择平静地说："我理解你们不敢违背他的意思，但我觉得 30 年前做手术和现在特别不一样。"你可以试想一下，如果剧中的他带着非常大的情绪说："哼，就是因为是我爸说的，那又怎么样，你们这些保守派就只会听他的，我才不认同！"这样说意思虽然差不多，但效果截然不同。

高情商的沟通力，不仅仅只是在沟通的层面发挥效用，更重要的是屏蔽情绪的干扰，尤其是不被别人的情绪牵着鼻子走。在沟通的过程中，如果我可以努力还原自己的正面动机，尝试得到他人的理解，最后的效果就会很不一样。这个"不一样"意味着至少双方可以不发生冲突，我们可以选择平静甚至愉快地达成共识。

## 这段对话如何能成功地向下管理

既然电视剧中的这段对话是一场成功的向上管理，那么，我们更有必要思考的问题是：如果我是刘晨曦，怎样可以高情商地驾驭这场向下沟通呢？毕竟，如前所述，我们不能期待下属用高情商来管理自己，所以，如果我对自己有更高的要求，我该如何一步步提升自己的情商影响力？

## 放下评判

坦白地说，"放下评判"的前提是意识到自己已然做了评判，这一步其实非常不容易，因为这些评判就是一闪而过的"标签"，它出现得特别快，我们根本无法察觉，那么怎么办呢？送你一个非常有效的工具——心情日记，持续记录十天，保证你察觉情绪和评判的能力提升至 6 ～ 7 分（满分 10 分）。

事实上，心情日记的理论基础就是第一章中解析过的情绪 ABC 理论，我们现在就开始将这个颠覆思维的理论转化为实践。具体的做法是什么呢？每天记录五条日记，每一条日记的格式是：事件 A + 情绪 C + 信念 B，比如：今天被老板当众批评了，我感到很生气，我认为他这样做就是故意让我丢脸；儿子英语考试不及格，我感到很郁闷，我认为他一点都不笨就是太不上进。

这些看似"马后炮"的练习，真正的价值是什么呢？当我们开始用情绪的全新视角来复盘事件，其实就是在关注以往根本不会关注的部分。这项刻意练习会不断刺激我们并不发达的细胞，一段时间后，这些崭新的细胞将赋予我们在事件进行时，提升敏锐察觉情绪和评判的能力，由此，你才能按下"放下评判"的按钮，并告诉自己"让我丢脸是我的评判""他不上进是我的评判"。

## 启动好奇

高情商的你做到了第一步放下评判，那么第二步是什么呢？是启动好奇，也就是带着好奇心去探索对方的动机，比如，刘晨曦可以这样问霍思邈："关于这个病例我会选择不开刀，但是我相信你选择开刀，这背后有你的衡量标准，你可以告诉我吗？"由此一来，哪怕霍思邈的情商一般般，也会不带情绪地表达自己的动机，这样双方就会避免因情绪化而进入争吵环节。

在我们日常的向下管理中，经常会遇到自己和下属意见不一致的情境，尤其是当这位下属既有能力又有个性时，切勿用质疑、指责或质问的方式反驳他的意见，让沟通从一开口就注定了崩盘的结局。那么，高情商的向下管理如何成功启动呢？一句话：放下你的评判，带着好奇心去探索对方的正面动机，你会惊讶地发现"原来并非如此"。

## 以亲子案例强化高情商的向下管理

### 案例背景

此案例源于我的一位线下学员的课后实际应用，培训结束两周后的一天，她给我发来了一段长长的微信。

王老师，今天我们一家三口吃早餐，4 岁的女儿拿着一颗白煮蛋，在餐桌边慢悠悠地敲啊敲，孩子爸爸看到以后的第一反应是说："别敲了，赶紧的，吃完上幼儿园去！"没想到女儿抬头看了看他，然后低头继续敲。正当孩子爸爸要发飙时，我出手了。

我做的第一件事是把老公带离了现场，第二件事是我回来跟孩子说："宝宝，妈妈刚才看你一直在敲这个鸡蛋，你是不想吃还是有其他什么原因？"没想到孩子撇着小嘴说："妈妈，我很想吃这个蛋的呀，但是我跟你讲，爸爸煮的蛋和你煮的蛋不一样，它敲不开！"接下来，我才有机会查明原因：原来老公煮完鸡蛋以后，从来不会像我一样在冷水里浸一会儿，所以 4 岁的女儿敲不开。

### 案例解析

读到这里，你一定会为这位年轻的妈妈点赞，因为这看似无比经典的案例，出现在实际生活场景中，大部分家庭都不是如此上演剧情的。不信，我们来重新走一遭吧。

一大早，你急着送孩子上幼儿园，然后自己赶着上班，当你看到孩子慢悠悠地在敲着鸡蛋，这个画面并不是你希望发生的，于是，它对此刻的你而言就是负面事件。遇到负面事件，人会本能地启动一种思维方式，而这种思维必会将一个巨大的问号推入你的脑海：孩子为什么慢悠悠地在敲鸡蛋？接下来，你也一定会自问自答：一定是孩子调皮捣蛋，故意不好好吃饭，他甚至根本就不想去上幼儿园！

你发现了吗？**让你情绪升级的根本不是事件，而是你脑海中浮现的负面标签**，也就是评判。随着评判带来的情绪涌上脑海，餐桌上的后续故事基本上就会演绎成事故！但是，案例中后续的故事走向为何改变了呢？因为孩子的妈妈上过我的课呀！哈哈，请允许我骄傲两分钟……

言归正传，案例中的妈妈到底厉害在哪儿呢？你一定会说，她问孩子的那个问题特别漂亮。确实，这个问题从情商的第二个 C 沟通力的角度上看，非常漂亮，但我更想说的是，她真正厉害的地方是你忽略的第一个 C 情绪力。为什么呢？因为她坚信"所有的负面事件背后往往隐含着正面动机"，所以，她努力放下了自己脑海中孩子"捣蛋、不好好吃饭"的评判，然后，她带着好奇心做了一件最重要的事情：探索孩子的正面动机。

这就是在上一节"向下沟通"的板块中，我为你拆解的关键两步：放下评判和启动好奇。这两步带来的价值就是后续所有的问题解决方案都不一样了。而日常生活中，我们本能地给孩子贴上负面标签，然后顺着负面情绪把孩子责骂或者说教一顿，但最后连问题到底是什么都没有机会找到，解决方案就更不用提了。案例中的妈妈，在爸爸即将爆发前先做了冷处理，然后问了孩子一个高情商的问题："宝宝，妈妈刚才看你一直在敲这个鸡蛋，你是不想吃还是有其他什么原因？"继而她发现了真相，并提出了解决方案。

所以，千万别小看这位妈妈问孩子的问题，它背后蕴藏了强大的情绪驾驭能力，而"放下评判"和"启动好奇"首先凸显了她的情绪力，其次说明了她的沟通力，这也是本节标题"向下管理的关键的第一步"，其实就是驾驭自己产生情绪的原因所在。

高情商的向下管理与生活中的亲子沟通可谓异曲同工，这也是我为什么借用亲子案例来强化驾驭情绪的原因，期待本书对你的工作和生活都有意义。

## 可E姐给你划重点

·千万别期待你的下属都具备高情商来应对你的情绪，你要先驾驭好自己的情绪，继而再影响你的下属的情绪和行为，这就是高情商向下管理的第一步。

·高情商的沟通力，最重要的是屏蔽情绪的干扰，尤其是不被别人的情绪牵着鼻子走，并在沟通中努力还原自己的正面动机，以尝试得到他人的理解，最后的效果就能够化冲突为共识。

·高情商的向下管理如何成功启动呢？一句话：放下你的评判，带着好奇心去探索对方的正面动机，你会惊讶地发现"原来并非如此"。敲黑板："**放下评判**"首先考验情绪力，"**启动好奇**"才能发挥**沟通力**。

如果你想获得本书的所有金句和模型，请关注公众号：可E研习院，并回复"新书"，即可获得本书精华合集。

# 高情商向下管理，年末谈话如何掌控

**请你带着这些问题阅读**

· 你人生中最难忘的一次年末谈话，是令你兴奋还是沮丧？

· 作为下属，你最欣赏的上司在年末谈话中拥有哪些特质？

· 作为上司，你猜想每位参与谈话的下属对自己做何评价？


2021 年 12 月中旬，我在自己的 EQ 年度营里，给学员们分享了一个主题：高情商的年末谈话如何驾驭。没想到分享前，小伙伴们就纷纷在群里留言：又是谈话季，真是好紧张；不知道老板给我打几分；还没准备好跟老板说什么；其实要和下属谈话我也很紧张；不知道如何应对下属的失望；到底怎么谈才能不尴尬呢……我这才发现，原来这个话题其实对谁而言都不轻松！

　　向下管理的话题有很多，我之所以在关键的第一步之后，直接选取了"年末谈话"为收尾小节，是因为无论是线下培训还是线上辅导，我发现这个话题可谓职场人的痛点。对于下属来说每年的此刻都惴惴不安，甚至有挠心挠肺的感觉，但其实对于掌控谈话的上司而言，"怎么谈才能让交谈氛围轻松愉快"，同样也是一种折磨。本节我会选取一个我曾经在惠普大学的内部公开课中，让上司还有下属都极其受益的案例，以便引发你的思考。

## 让下属郁闷至极的年末谈话，如何高情商解读

### 案例背景

公开课自由报名，一个班级 25 个人包含不同职级的员工。在案例讨论环节，一位学员站起来说："年末考评这件事困扰我好几年了，我们公司有 ABCDE 五档，而我连续五年的评分都是 C，我觉得很失望、很郁闷，因为我觉得自己做得挺好的，但为什么每年都得到这样的一个分数？"这个时候，在场的一位高管发言了，他恰好就是每年末都给别人打分的高级总监，他说："其实你拿到第三档 C，如果我是你的老板，并没有想表达对你工作不满意的意思，因为第三档其实相当于 80 分啊！"

顺着他这句话，几乎现场所有人，包括我都惊呆了，于是我代表大家问了这位高管原因。他说："第三档 C 在我们惠普还有另外一个名称叫作 AE，这个大家都知道吧？那 AE 就是 Achieve Expectation，即达成期望，既然达成期望，也就是达标了，不就是 80 分的意思吗？"

**案例解析**

事实上，惠普的所有员工都知道 AE 的含义是什么，但为什么上司打分的用意和下属得分的感受仍然截然不同呢？

### 1. 上司篇

顺着这个话题，我在现场进行了两个维度的拆解，首先，作为高情商的管理者，你是否能预估拿到 C 档的下属，最有可能的感受是什么。

换位思考一下，对于从小一路考试到大的我们来说，大部分人面对五档最中间的第三档分数，本能的解读就是"及格"，这就是为什么当总监说"C 档是 80 分的表现"时，很多人都惊讶的原因。

这个现象很有意思的一点是：明明我知道 AE 是达标的含义，但拿到位居第三的 C 档时，我本能地就会认为这仅仅是及格，因此我很失望、很沮丧。特别是连续几年都得这个分数，我更会有一种深深的不被认可的挫败感。这就是人性，而高情商上司最厉害的一点，就是因了解人性而时刻走心。至于如何走心的系列步骤，我将在第二部分进行深度剖析。

### 2. 下属篇

关于年末考评的第二个维度，如果你作为下属，感觉得分与预期落差很大，请千万不要一味地忍，因为忍的结果就是上司根本不知道你有不满，于是每年都这样给你打分，而你内心的郁闷指数会越积越高，所以，你应该学会"艰难谈话三步法"。

图 4-1　艰难谈话三步法

第一步，合理表达自己的感受：老板，我对 C 档这个考评有点失望，因为我预期是可以拿到 B 的。请记住，合理表达是说出自己的感受，而非跟老板急眼，比如：你凭啥给我 C，给某某却是 B ？！

第二步，高情商"但是" + 同理：但是我猜想，您这样评分也肯定有您的考量标准，请问方便让我知道吗？这样，你才有真正沟通"何为标准"的机会，明白老板的用意，比如：C 意味着 80 分，而 B 和 A 在惠普只有 5% 的比例。

第三步，面向未来提出积极的问题：我理解了，明年我想拿到 B 的话，老板您能不能给我一些建议？让我在未来的工作中有所调整，并向 B 的目标迈进。

这样的高情商年末谈话，才不是一场尴尬的对话，基于对过去的回顾和未来的展望，你即便不能改变今年的考评（接纳不可改变的），却能改变明年的工作动力和方向（改变可以改变的），从而让自己的未来更有价值。敲黑板：**接纳不可改变的，改变可以改变的！**

## 让下属郁闷至极的年末谈话，如何高情商翻转

### 年末谈话其实始于年初

作为高情商的管理者，不仅知道"沟通漏斗"无处不在，同时还能敏锐地预估员工得 C 档的情绪，所以，他们从年初就会清晰地拆解每一项评分的含义和标准是什么，而不是以为"员工应该都知道"。实际上，很多时候员工只知道 A 档和 B 档是卓越与优秀的意思，但"卓越"与"优秀"的定义和标准其实都是模糊的。而且，哪怕是对"达标"的理解，上下级之间往往也是存在落差的。"达标"即达成预期，上司会认为达成了年初的各项指标，说明这个员工还不错，但往往员工会认为达成了所有指标而且自己也很努力，就应该是优秀的表现。

所以，高情商的管理者会从年初就开始管理员工的预期，并在整年的工作推进中，不断地跟员工反馈自己的评价，而且，高情商的管理者会对那些积极努力、能力不错的员工提出更高的期待，同时，很清晰地告知对方哪些属于年末的达标，哪些属于年末考评时超出预期的优秀或卓越。这样一来，员工会非常明确地知道自己在各个阶段处于什么样的状态，而不是到了年末被一气呵成地告知了一个模糊的结果。因此，评分标准理顺后的预期管理，是在年初就

应该启动的关键项,它可以给年末谈话的最终效果大大加分。敲黑板:
年初若标准没厘清、预期没管理,那年末谈话就一定会很尴尬。

## 逆袭四类下属不满的谈话

### 1. 不被认可的年末谈话

很多员工结束年末谈话后都很沮丧,因为上司 90% 的反馈都是自己的不足,而对自己的认可只有寥寥几句,或者就是特别敷衍的反馈,比如:小刘啊,总体来说这一年你表现不错,也很努力,但是……

作为一个高情商的管理者,请你放下三个字——应该的,员工做到……是应该的!"应该的"这个思维模式,对管理者而言真的特别糟糕,它绝对是阻碍你拥有良好的上下级关系,以及积极团队氛围的杀手。

"员工做得对、做得好是应该的",我不能说这句话是错的,但是你要理解员工做对了以后,大部分人都渴望得到认可。所以,年末谈话中"认可"是非常重要的部分,切勿蜻蜓点水似的表扬,高情商的表扬如何做到具体又走心呢?(1)点赞的行为或事件是什么;(2)夸奖他的原因是什么;(3)这个行为或这件事起到的作用或产生的影响是什么。比如:8 月份你主导的客服培训特别棒,因为无论是学员满意度还是客服经理的反馈都很高,这让我看到了你拥有很强的组织能力和筛选供应商的能力,最关键的是,这个项目对我们培训部接下来的一系列管理层培训的推动都起到了积极作用。敲黑板：**认可切勿蜻蜓点水，具体又走心是关键。**

## 2. 毫无意义的年末谈话

我采访过很多职场人关于年末谈话的感受，有一类人反馈的是：结果已成定局，谈了半天感觉没有起到任何作用。所以，一个高情商的上司，在下属做得好或不好的时候，要有及时反馈，千万不要等到年末谈话，才一股脑地说一大堆话，总而言之就是给下属扣了个差评的帽子。如果管理者期待看到下属的改善和进步，那么就要做到"及时反馈"，这四个字到底反映在哪里呢？

日常工作出状况的时候，管理者不能只是扮演追责的角色，你更多应该承担的是辅导的责任，换言之，别总给下属理罪状，你要让下属有成长。如何能做到呢？请放弃"为什么"，学会"同理+提问"。

"为什么"这三个字特别常见，也特别糟糕。比如，员工被客户投诉，经理的直接反应就是："怎么回事？为什么会这样？"于是，迎接他的要么是员工的借口，要么是沉默，其原因就是"为什么"传递着浓浓的指责。

因此，管理者应该用高情商的方式打开员工的话匣子，并由此找到解决方案。比如：我相信被投诉你也很沮丧，甚至很郁闷，你能跟我说说大概的情况吗？接下来，管理者不要揪住过去的问题不放，而更应该聚焦于当下如何解决投诉，之后再和员工复盘如何避免此类问题。所以，管理者不要让年末谈话成为给员工盖棺定论的审判，而是要在日常工作中通过及时的反馈和辅导，让员工真正有成长，这样年末谈话才会有更多值得被你点赞的部分。敲黑板：**年末谈话切勿盖棺定论，要引导员工找到成长空间。**

### 3. 流于形式的年末谈话

在我的调研中还有一类这样的情况：年末谈话时向上反馈了一些问题，但后来根本没有解决。那么这时员工的感受是什么呢？要么是被忽略，要么是被敷衍！而这种感受绝对会大大影响来年员工的工作积极性。也许此刻身为管理者的你会有一些委屈，因为大部分管理者其实还是很重视员工反馈的，但为什么最后会不了了之呢？我猜想是因为管理者在跟进、解决问题时，可能遇到了一些难点或挑战。所以，管理者在年末谈话时要把难点告知员工，而不是因为没有解决而无法告知。

实际上，没有解决问题就选择不告知，是一个很糟糕的认知，管理者需要把已做的努力和尚未解决的大概原因告知员工。虽然没有达成员工期待的结果，但你的告知会让员工觉得自己是被重视的、被关注的，而这种感受会拉近你们之间的距离，提高员工对你的信任度。敲黑板：**让员工感觉被重视，才能建立起信任度。**

### 4. 诚惶诚恐的年末谈话

我的一位私教学员分享了一个案例，是一年前曾令他诚惶诚恐、事后辗转反侧的一场谈话。老板问他："你觉得如果 HR 找你谈话的话，你有什么理由可以确保你留在现在的岗位上呢？"他有点紧张地回答说："我很认真工作，也很努力呀。"老板说："难道你觉得别人不认真、不努力吗？"他赶紧回答："哦，我不是这个意思。"于是老板又问了一遍："你怎么能够确保自己留在现有的工作岗位呢？"他想了想说："我的工作都完成了。"于是老板又说："完成了，也不代表这个工作就非你不可呀。"30秒过后，他说："嗯，这个问题我确实没有想过，我得回去好好想想。"

读到这里，不知道你的感受是什么，反正我的这位学员说自己当时的感受是紧张、忐忑、郁闷之极，内心想的是：老板这是要开除我吗？

于是，我站在第三方的角度思考的是：老板的初衷是什么呢？他是想让这位下属离职或转岗吗？在我看来还真不一定。也许他是想让下属有一些自我总结和提炼的机会，借此来表达自己对下属更高的期待是什么。可是，老板既不带动机也没有指导的提问，给下属的感受却是"我好像会被开除"，所以做完年末谈话，他整个人都不好了。敲黑板：**老板"沟通漏斗"，员工诚惶诚恐。**

我们来总结一下"年末谈话"：（1）学会高情商地夸下属，而非一笔带过；（2）工作中的及时反馈，而非一次性的年末差评；（3）下属提出的问题反馈，哪怕解决不了也应告知原因；（4）负面反馈可以提，但请结合员工的发展情况与指导意见。

要知道，年末谈话不仅仅只是一场谈话，它可以成为贯穿全年工作的指导重点，也可以成为下属积极展望来年的重要推手，所以，高情商的管理者一定会善用它来推动下属的成长和目标的达成。

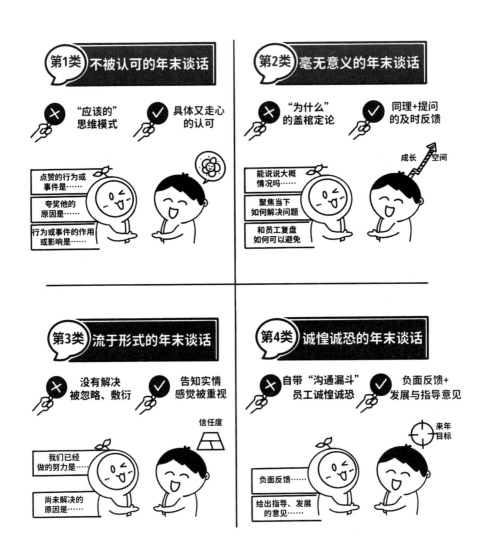

图 4-2　逆袭下属不满的四类年末谈话

## 可E姐给你划重点

·"达标"即达成预期，上司会认为达成了年初的各项指标，说明这个员工还不错，但员工往往会认为完成了所有指标而且自己也很努力，就应该是优秀的表现。因此，评分标准理顺后的预期管理，是在年初就应该启动的关键项，它可以给年末谈话的最终效果大大加分。

·年末谈话请勿不给认可、毫无意义、流于形式、令人诚惶诚恐，你应该：（1）学会高情商地夸下属，而非一笔带过；（2）工作中要及时反馈，而非一次性的年末差评；（3）下属提出的问题反馈，哪怕解决不了也应告知原因；（4）负面反馈可以提，但请结合员工的发展情况与指导意见。

如果你想获得本书的所有金句和模型，请关注公众号：可E研习院，并回复"新书"，即可获得本书精华合集。

**02**

. . .

# 进阶篇

. . . ◉ . . .

# 通/往/HRD/的/必/备/技/能

HRD 这个职位，基本就是 HR 职业发展的"天花板"，只有特别大型的公司或集团才有 HR 总经理或副总裁的职位。那么要想做好 HRD 的工作，你需要具备什么能力呢？

HR 六大板块的专业度你肯定得有，但不是关键，在我看来最关键的就是拥有情商领导力。因为 HRD 大概是所有高管中，与人打交道频率最高、遭遇内部投诉最多、与 CEO 接触最多、上传下达中最受折磨的人，不具备高情商，HRD 怎么能挺过去呢？

所以本篇我是这样构思的：

犹如本书上篇"优秀 HR"的前言，先阐述的是"自我管理"，这一章详解了所有的情商理念，其目的就是建立一个全新的思维，用高情商的正解来构建底层逻辑，然后再从向上、向下和平行管理这三个维度，进行思维与实践的结合。

下篇"HRD 之路"的结构与上篇相同，第五章作为开篇，剖析高情商 HRD 应该拥有哪些与 CEO 同频的思维，继而再以职场难题、领导力提升和全员敬业度开展实践解析。

如此，思维加实战的拆解方式，将妥妥地为你打开职业上升通道。

# 第五章

## 通往高情商 HRD 之路，你必备的 CEO 思维

· · ·

HRD 绝不是任何人都能胜任的职位，因为这个职位背后隐含着两个"最"：最有可能让 CEO 不满的、最有可能被全员吐槽的岗位！如此"难熬"的职位，若只有 HR 的专业技能却没有高情商做支撑，何以肩负如此重任呢？

本章的目标就是让身为 HR 的你未来的晋升之路更通畅又不糟心，或者让身为 HRD 的你坐稳现在的宝座而不烦心。当然，本章节是本书下篇的开启环节，所以，主要内容不是讲解方法和技巧，而是传授最核心也是最底层的思维迭代。

# 与 CEO 同频的高情商思维包含什么

**请你带着这些问题阅读**

·HRD 是距离 CEO 最近的人，你了解 CEO 的所思所想吗？

·如果你是 HRD，你希望和 CEO 之间保持一种怎样的关系？

2019 年，阿里巴巴副总裁彭蕾（前首席人力资源官）曾在湖畔大学说："很多创业团队的 CEO 对于 HR 的认知有偏差，以至于后来把 HR 变成了'锦衣卫'，谁谁谁很难搞，HR 你去搞定他，或者跟员工谈离职，又或者去传达一下 CEO 的想法。这种现象是很多创业团队极其容易出现的一个情形，HR 最后成了帮 CEO 料理杂事的一个角色，这是非常糟糕的。"

那么，彭蕾眼中的 HRD 是什么样的呢？（1）他一定是跟公司的战略业务目标相融合的，不能只是负责招聘、培训、绩效管理这些外包团队就能搞定的事；（2）他应该能促成有质量的对话，因为

CEO 都是孤独的，HRD 必须知道一线员工与核心班子的真实状况和水平，然后搭建双方能够沟通对话的"场子"。

我非常认同彭蕾的观点：**HRD 不能只是干杂活，而是要促成高质量的对话。**让信息有效地在组织内部流通，这是 HRD 很重要的一个能力，也是 CEO 和 HRD 之间建立默契的关键因素。

由此，"最有可能让 CEO 不满的"这句话，真不是瞎说的，我调研过多位 CEO，请他们排序自己对各个总监的满意度，结果 HRD 的满意度都是排名最末的，而这些 CEO 所处公司的规模有大有小。如果你是 HR 或 HRD，你多半会愤愤不平，你内心的想法可能是"没办法，HR 就是最容易'背锅'的岗位"。那么，CEO 们到底想的是什么呢？

## CEO 所期待的高情商 HRD，能找到合适的人才

对 CEO 来说，拥有"合适又有能力"的人，永远是他的渴望，可是对 HRD 来说，似乎总也满足不了业务部门或老板的需求，这个落差可谓 HRD 心中永恒的痛。那么出路在哪儿呢？

在第三章"平行管理"中有一节谈的是招聘，当时我重点讲的是如何能"听懂"并"落实"业务部门的需求，那么，在本节的 HRD 进阶篇中，我更想谈的不是具体方法，而是思路。换句话说，"业务部门需要的人都是我找不到的人"，这个思维卡点，也许是很多 HR 需要解决的真命题。

我再次把情绪 ABC 理论拿来实战，解决思维卡点。A 事件是：老板和业务部门总是抱怨我们找不到合适的人；C 结果是：我感觉很委屈、很沮丧；B 信念是：真是费力不讨好，他们总是提一堆根本不现实的要求，有本事自己去找，看找不找得到！

整理出事件、信念、结果之后，重点就是改写信念，一个关键性的灵魂拷问是：面对这件令自己委屈或沮丧的事，除了刚才的这些想法以外，站在他们的角度，又有哪些合理的原因呢？来，深呼吸，尝试按下"换位思考"键，给自己一点时间回答这个问题。这时候，你可能会在白纸上写下哪些答案呢？

"他们选人的标准，无论是口头还是文字都未必表达清楚，也许我可以从沟通的角度去做到百分之百确认，以保证理解一致。"

"老板对某个关键岗位的人才标准，和我认为优秀的标准并不一致，所以造成了选人和用人的偏差，也许我应该事先和老板达成一致。"

"重要岗位总是缺人，是不是反映了人才培养和离职率的问题？这两个根源问题，也许才是我更需要关注并解决的问题。如果关键岗位的接班人计划是一个长期而有序的工作，可能就不会总出现'用人荒'；如果离职率偏高，到底是企业文化、薪酬激励制度还是管理层的领导力才是症结所在呢？"

我写的这些答案也许和你的不同，也未必都对，但我想呈现的是一种高情商的思维方式，那就是：接纳不可改变的，改变可以改变的。

这句话乍一看特别对，你甚至会觉得"这不是废话嘛"，但我真正想说的是：这句看似平淡无奇的话，实际挑战的就是人的本能思维方式！怎么理解呢？从思维逻辑上，人们都知道别去改变那些不可改变的，但从本能上，人们遇到一件令自己有负面情绪的事，第一反应就是想去改变这件事。

比如，员工被大客户投诉了，管理者的第一反应是：为什么被投诉？其他人怎么都没被投诉？你看，这个反应的潜台词就是：员工不应该被客户投诉！可问题是，员工已经被投诉了，管理者为什么就不能接纳这个事实，然后平静地去解决接下来的问题呢？又比如，HRD 面对老板对关键岗位招聘的不满，如果不能放下"老板的招人标准过于完美，根本招不到"这样的想法，那么，这个"不满"的现实就总也解决不了。

那么，"接纳不可改变的，改变可以改变的"这条情商理念，如何升级我们的思维方式呢？对于上述情景中的 HRD，需要这样来理顺自己的思路："老板的不满客观存在，我改变不了，我能改变的是看待这个问题的视角，我还能做些什么来缩小这个差距，甚至有一天超出他的预期呢？"这样的思路带给你的解决方案，才会越来越贴近 CEO 的标准。

## CEO 所期待的高情商 HRD，能搞定内部的冲突

再完美的企业，都不可避免各类人际冲突，跨部门的冲突、上

下级的冲突，任何一个企业都存在，所以，老板其实特别希望 HRD 能帮自己摆平这些问题，但事实上很少有 HRD 能完成这项使命。原因是什么呢？首先是老板自己的问题，明明想让 HRD 出面解决，但就是抑制不住自己出马的欲望，民营企业尤为突出。白手起家的创业者能力都很强，打江山的阶段人也少，一出状况所有人都知道，老板自然首当其冲地出面解决问题，但公司规模扩大后，"出了问题找老板"的状况已然成为所有员工的习惯，此时老板要么不习惯放手，要么担心 HRD 搞不定。

当然，还有两个原因也不容忽视。其一，业务部门的老大不认为跨部门冲突与 HRD 有关；其二，HRD 也乐得做甩手掌柜，毕竟，**蹚浑水是相当考验情商的**。所以，一方不来找，一方不去管，正好一拍即合。但其实，HRD 如果真的希望"人力"可以成为真正的"资源"，那么，企业内部诸多看似与你无关的事，你都可以去主动介入。所以，在下个章节中，我为你讲的就是那些职场难题到底如何解决，尤其以跨部门和上下级冲突为主，助力你成为老板心目中能搞定问题的得力干将。

那么，在本章节中，你需要先突破的是心理障碍，我之所以用这个词，是因为我发现大部分 HR，哪怕已成为 HRD 的伙伴，其实内心都很抗拒去解决那些与"人"相关的冲突，虽然我特别能理解这些冲突确实很有挑战性，但我真心想对奋战于 HR 岗位的伙伴说一句话：**如果你无法解决"人"的问题，又何以担当人力资源总监之职呢？** 而担当并胜任 HRD，有两个条件：意愿度和能力。在我看来，意愿度其实比能力更具有挑战性。

我举个看似与 HR 无关的例子，但剖析后你一定会发现，它与每个职场人都相关，它反应的就是大部分职场人与意愿度相关的思维卡点。

我曾经去重庆出差，在一家新落成的五星级酒店开课，酒店的装修很豪华，特别是卫生间有十几个单间，这已属少见，但更少见甚至我没见过的是：如厕完居然从单间里出不来！不是我用的那个单间的锁坏了，而是任何一间你都出不来！为什么呢？因为这种单间的设计太神奇了，请你"脑补"一个画面：

酒店的层高超过 3 米，而卫生间的每个单间门都是顶天立地的全封闭设计，所以每一扇门都是 3 米高的实木门，门把手距离地面 1 米左右，其外观是不超过 1 厘米、浑圆的、迷你镀金把手，结果是什么呢？就是凭这种把手根本就拉不动这扇 3 米高的实木门！你能想象吗？每一位如厕完的女士，都先要和这个迷你把手较劲，然后再弱弱地问一声"外面有人吗"，最后由其他人来"解救"。幸好我们这个企业培训班的女性不少，因此第一节课后，大家就有了如厕的默契：绝不一个人上厕所！

你看到这里，是不是已经哈哈大笑了？反正，我每一次想到这个画面都觉得特别搞笑，而且估计 99% 的人此生都难遇如此体验。那重点来了，我为什么要把这段经历写进书里呢？显然不是为了博你一笑，而是剖析其背后的问题，让你引以为戒。千万别以为我用错了成语，我想通过"引以为戒"这个词说明：我的"厕所奇遇记"

其实 99% 的职场人都经历过。

现在，我为你从情商的视角剖析这件事，表面看上去是设计师太另类，或者说设计不接地气，只顾美观而不顾实用性，但在我看来，酒店的员工才是问题的关键。设计师属于第三方机构，而员工属于酒店，你可能困惑，明明是设计师的问题为何要员工来担责？因为酒店在开业之前很难做到事无巨细，于是，我思考的一个问题是：在客户发现卫生间的问题之前，谁更有可能发现门把手的问题呢？一定是员工，无论是开业前的培训，还是开业后的使用，酒店员工都更有机会比客户提前使用卫生间，而只要使用就一定会有这奇葩的经历，但为什么这个问题没有被及时解决呢？因为几乎所有的一线员工，包括部门主管，在有了这份体验后都选择了沉默，他们内心的声音是："这设计师太'奇葩'了！"或者："工程部是怎么验收的？！"然后就没有下文了，不对，然后这种体验就移交给了客户，再然后就是差评和投诉。

这些画面虽然是我"脑补"的，但我觉得真实性应该有99.9%。那么，"设计师太奇葩了""工程部是怎么验收的"，这些来自员工的心声又说明了什么？那就是：99.9% 的员工在遇到类似问题时，最深层的信念是"这不关我的事"，因为岗位职责上没有这一条。确实，任何一家公司或酒店的任何一份岗位说明书，都不会细化到"门把手"的细节，所以，未列入岗位说明书的"灰色地带"，其实都是一种考验。

想象一下，这家酒店在开业前，如果 CEO 视察并发现了厕所门把手的设计问题，那会是一番怎样的情景？CEO 绝对会一声令下——"整改"！可是 CEO 的岗位说明书上也没写这一条，但他为什么会和员工有不一样的行为呢？因为 CEO 最需要具备的就是用户思维，他不需要任何人提醒，就会把组织的目标放在第一位，那么，**未来或现在的 HRD，你是否具备了"这个状况不行，我得管"的 CEO 思维了呢？**

下一次，当你再看到跨部门的冲突或业务部门的上下级矛盾，哪怕他们没来找你哭诉，你是否能自动按下"这个状况不行,我得管"的按钮呢？

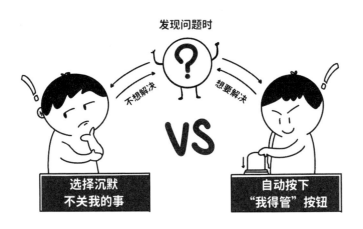

图 5-1　自动按下"我得管"按钮

只有你启动了这个与 CEO 同频的按钮，你的意愿度才算真的打开了。至于能力方面，那根本不是问题，因为事实上，大部分在企业里一直没有解决的问题，不是人们没有能力解决，而是根本没有意愿"想要"解决，就像上述"门把手"事件中，普遍存在的"这不关我的事"之底层信念。

## CEO 所期待的高情商 HRD，能留住真正的人才

选、用、育、留，原本就是 HR 的分内之事，但"留"谈何容易！薪酬激励只是很表面的问题，在这里我更想谈的是"敬业度"，因为，敬业度越高的员工对企业的忠诚度也越高。但事实是，高敬业度的员工就平均值而言，本身占比就很低。你作为现在或未来的 HRD，怎么看待"敬业度"这个话题呢？

盖洛普作为全球最知名的敬业度调研机构，在这个话题上有绝对的发言权，他们对于敬业度的定义是：高敬业度的员工在智力和情绪上有相当高的投入度，所以这类员工对于工作结果有承诺。我对"智力"的理解分两层：其一是与生俱来的智商；其二是后天与职业相关的技能。综合而言，此"智力"大多与时间成正比，但"情绪"则为个人的当下感受，所以，挑战也随之而来，这个挑战是什么呢？对于管理者而言，最难提高的是员工的智力还是情绪？在这里，我很负责地向你汇报，这个问题我采访过 5000 多位管理者，他们在我的线下培训中无一例外回答的都是：情绪！这也是为什么管理学家在多年前，就把情商定义为"企业情绪生产力"的原因，换言之，**整体员工的情绪很积极，企业的生产力或 KPI 就不是问题，反之就是大问题。**

结合盖洛普的定义，我们就更能意识到敬业度其实直接与员工的情绪相关，所以，加班这个指标与敬业度无关，也就是说，一个员工经常加班，并不等于他的敬业度一定很高，因为每天加班但情绪低迷，其工作效率和工作结果则可想而知。既然我们知道了敬业度的关键因素就是情绪，那么关键问题自然也就浮出了水面：员工的情绪由哪些因素决定呢？

全球另一家专门研究敬业因子的机构 CEB，在多年前做了有趣的对比性研究，他们首先通过大数据调研找到了 9 项对敬业有关键影响的指标，然后，分别采访管理者和员工，采访管理者的问题是：请推测你认为对员工而言的敬业因子顺序。

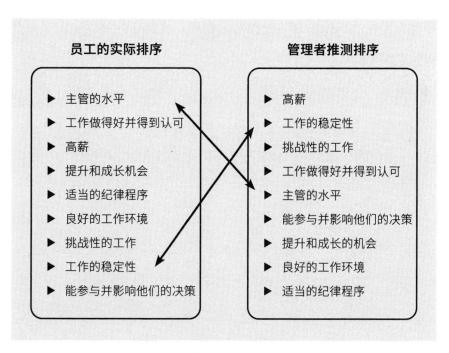

图 5-2　敬业因子排序的对比

如图所示，管理者的推测与员工的实际排序，可谓大相径庭，其中，以"工作的稳定性"和"主管的水平"的落差尤为突出。这说明了什么？

管理者以为影响员工敬业度中的"高薪"这个自己不可控的因素是最关键的，但其实"主管的水平"和"得到认可"，这两个管理者可掌控的因素才是关键点。

这项 CEB 的调研结果，也印证了另一家机构的研究成果，他们专门调研员工的离职原因，结论中有一项是这样描述的：在近千种离职原因中，排名前四的一项是"我和我老板的关系"。

此刻，你有没有发现，不同机构的研究结果，其实从不同的维度都说明了彼此的相关性，换言之，**敬业度的高低由员工的情绪决定，影响员工情绪积极与否的关键是管理者，而员工与管理者的关系越糟则离职率越高。**

因此，如果你想拥有第三项与 CEO 同频的思维，那就要具备真正能留住人才的核心因素：推动管理层的领导力，这也是未来你作为 HRD 的工作重心，我们将在第六章做详细拆解。

·HRD 面对老板对关键岗位招聘的不满，如果不能放下"老板的标准过于完美，根本招不到"这样的想法，那么，这个"不满"的现实就总也解决不了。

·当你再看到跨部门的冲突或业务部门的上下级产生矛盾，哪怕他们没来找你哭诉，你是否能自动按下"这个状况不行，我得管"的按钮呢？只有你启动了这个与 CEO 同频的按钮，你的意愿度才算真的打开了。

·如果你想拥有第三项与 CEO 同频的思维，那就要具备真正能留住人才的核心因素：推动管理层的领导力，这也是未来你作为 HRD 的工作重心。

如果你想获得本书的所有金句和模型，请关注公众号：可 E 研习院，并回复"新书"，即可获得本书精华合集。

# 比 CEO 更高级的高情商思维是什么

**请你带着这些问题阅读**

· 你大概率希望 CEO 智商与情商双高，但现实不尽如人意时怎么办？

· 当 CEO 与你的想法不一致时，作为 HRD 有没有可能影响他呢？

《飞轮效应》这本书，被誉为让企业从优秀到卓越的行动指南，其译者李祖滨先生也是德锐咨询的董事长，他曾在演讲中说："要成为成功的企业家，要么让自己成为 HR 高手，要么让 HR 高手成为企业的二把手。"

这句话把人力资源管理的重要性，以及 HR 与企业家之间密不可分的关系描述得十分精准。HRD 对于老板、部门经理和员工而言，分别扮演着不同的角色，但"军师"这个身份，应该是 HRD 和 CEO 双方都期待的定位。而"军师"的称号，意味着 HRD 必须具有业务敏锐度、战略眼光与前瞻性，同时，在沟通层面上，能与老板对话，为企业的整体发展出谋划策。

上一节我们解析的是如何与 CEO 具有同频的思维方式，并分别从找到合适的人、解决内部的冲突和留住真正的人才，这三个角度出发，引入情绪 ABC 理论在思维提升上的应用，"这不关我的事"迭代为"这个状况不行，我得管"，以及留人的关键因素是管理者的领导力。这三点的突破，能让你成为 CEO 眼里的红人，那么本节讲的这两点，将有机会让你成功晋级为 CEO 心中的"军师"。

## CEO 的沟通力短板，高情商 HRD 是否能补位

HRD 为何最有可能被吐槽，甚至被全员吐槽？因为公司的制度大多要从 HRD 这里上传下达，而如果这项制度令大部分人不满，HRD 就很有可能成为众矢之的，所以，HR 们往往戏称自己最容易成为"背锅侠"。怎样才有可能少"背锅"呢？那就是把 CEO 在沟通中的短板，用高情商的方式做弥补。跟你分享一个我当年在微软培训时解决的问题，虽然这段对话发生于销售总监和我之间，但我觉得 HR 小伙伴，特别是 HRD 一定能从中发现价值。

## 案例背景

情商领导力的课间，销售总监问我："老师，公司有一个状况我很费解，就是越是资深的销售越不遵守销售制度，这是为什么呢？"我很好奇是怎样的制度令这位总监处于这种尴尬的境地，于是便详细问了情况。他说："其实这个制度也确实有点特别，我们考核销售的指标除了总业绩，还要考核客户数量，越是业绩好的销售就越不重视客户数量，我提醒了很多次也不怎么奏效，他们仍旧我行我素。"这个回答更激发了我的好奇心，如此想帮学员解决问题的我，必须探个究竟啊，我想知道的显然就是为什么要考核后者，于是我便问他原因。这时候，总监面露难色，他说："其实我也不太清楚，我刚到任两年。"

## 问题症结

你看，这就是问题的症结所在：总监都弄不清楚这项规则背后的原因，何以让下属心服口服地遵守呢？而且，谁最有资格不遵守？当然就是那些业绩很好的员工了，因为他们有底气不服。敲黑板：**业绩平平的员工口服心不服，因为没底气不服；而业绩优秀的员工哪儿都不服，因为有底气不服！**

总监听了我的这段解析，也觉得颇有道理，但问题是这个棘手的问题应该如何解决呢？于是，我问了他一个关键问题："你到任这两年，销售制度已经有了，那你认为这条考核客户数量的规则，是公司一成立就有的，还是之后才有的呢？"他很果断地回答说"应该是之后"。于是我说："你看，如果你可以弄清楚这条不太常见的规则背后的原因，那么，你再和下属沟通的时候，就不是简单地告诉他们这样不行，而是把'为什么'讲清楚，这样结果会不会有些不同呢？"

他若有所思地点点头，我继续："我猜一个原因，你作为销售总监来判断一下有没有可能。也许三年前公司的顶级销售遇到了一个状况，多年来占有他30%～50%销量的一个大客户，由于行业或其他意外情况，当年的订单全部取消了，导致无论从顶级销售个人还是公司层面损失都很大。所以，老板决定：鸡蛋不能放在一个篮子里，为了规避风险必须在保证数量的前提下达成销量。"

"哎呀，老师，这太有可能啦！"

"假设真的如此，你再和销售团队开会时，是不是底气、说法和效果就完全不同了？所以，**员工不愿意做，往往是因为不理解为什么要这么做。**"

## 案例解析

案例拆解到这里，你一定明白我想说的，那就是作为 HRD 来说，你在拥有"补位 CEO 的沟通短板"这项能力之前，得先获得一个更高级的思维方式，那就是下达不给力，往往是因为"为什么"这个部分，除了老板几乎所有人都不清楚。因此，你作为合格的"军师"，必须先弄清楚原因，并且把这个"为什么"转化为对员工有价值的部分，而非公司层面的利益得失。因为人都是趋利避害的，而HRD能够少"背锅"，甚至比CEO处理问题更高级的前提，就是能把CEO可能忽略的"为什么"，用员工感兴趣的"利"和"害"呈现清楚，这样你才不会受夹板气，而且还可能成为老板的左膀右臂、员工的知心朋友。

具体如何补位呢？千万别直截了当地问"为什么"，而是应该：（1）先认同老板的决策，比如：考核客户数量确实是一个关键指标，对销售部来说也是一个比较大的制度调整；（2）用"同时或当然"替代高风险的"但是"，再加上自己的感受和动机，比如：当然，我去传达给销售总监或销售团队的时候，我会有一些担心，那就是如果大家不太理解这项新制度的话，可能会有一些抵触，毕竟，他们过往一直都只关注总业绩；（3）在目标一致的前提下问原因，比如：所以，您能不能把您是怎么考虑的大概跟我说一下？我在传达的时候能让大家更容易理解并接受，这样大家也能更好地完成。如此，你才能因弄清了"为什么"而做到"无漏斗"地下达。

## CEO人才观的偏见，高情商HRD是否能纠偏

每个人对于"人才"的概念都会持有个人的主观色彩，CEO也不例外，用个人的好恶作为选人的标准其实特别正常，但对于企业而言可能就会有风险。比如，有些CEO认为杀伐决断的领导者是

成功的标志，但如果每个关键岗位的负责人都是这种风格，那么，这家企业很有可能因过于狼性而令人生畏。还有些CEO认为内部培养的管理者相较于外聘精英更值得信任，那么，这家企业很有可能形成相对僵化的文化和思维。所以，HRD作为老板的军师，更多扮演的是唯命是从的角色，还是行业专家呢？

我相信你的内心很想选择"行业专家"，因为从"用人"的角度来看，你很清楚团队的多样性绝对是高绩效的加分项，但你多半又会心里打鼓，因为从"影响老板"的角度，你此刻的困扰是："臣妾做不到啊！"但，真的做不到吗？下面我再分享一个酒店的案例，来剖析卡住我们的到底是能力还是思维方式。

## 案例背景

　　我曾经去天津出差，入住了一家非旺季住一晚也超过800元的酒店，大堂之豪华让我这个还算见过世面的培训师，也深深地吸了两口气。走进房间后，倒也没有让我叹为观止的设计，只是书桌上的电话机，着实"惊艳"了我，准确地说，应该是惊讶又尴尬的复杂情绪。原因是我想让前台送个烫衣板到我的房间，结果看着那高级感满满的电话机，我愣是下不去手，因为电话机上的按键特别多且全是英文，可问题是，每一个英文单词我都看得懂，但就是没有任何一个按键与前台（Reception）有关！研究了五分钟，最后我只能默默下楼去前台做"人工呼唤"。就此，我也有机会和前台经理有了一段对话。

"你们的电话为什么这么复杂？客人们都看得懂吗？"

"抱歉，王女士，确实有点复杂，主要是因为我们酒店的前身是某私人俱乐部，去年改制成了五星级酒店，有些设备还没来得及换。"

我一脸疑惑地看着她说："哦，那然后呢？"

她一脸歉意并微笑着说："其实，电话机这个问题很多客人都不满，我也早就向上申请过了，但您知道的，酒店规模大、流程也很多，电话机的事一直没批。"

"原来你申请过了，但客人却持续在投诉。"她点点头，我继续道："你想过领导不批，投诉怎么解决吗？"她一脸尴尬地看着我，似乎在告诉我："我尽力了，但没办法！"

"如果打印几盒名片，上面只需大大地印几个字'前台请拨 0'，然后在每台电话机旁边放一张，我很好奇这个权限你有吗？"

## 问题症结

她忽闪着迷人的睫毛，怔怔地看着我，至今我都记忆犹新。这位前台经理不聪明吗？工作不努力吗？遇到问题不想解决吗？都不是，她只有一个问题，也是**大部分职场人在解决问题时，都会遇到的一个思维卡点：这是我分内的事，我尝试解决了，但领导不批或不同意，那我就没办法了。**于是，他们两手一摊，无奈地等待后续问题的发生，如果后续问题与自己的部门无关，那是最好不过的事，但如果还是得由自己兜着，那就硬着头皮上，犹如这位前台经理，几乎每天都要面对客人类似的投诉，然后给客人相同的解释。最后的结果是什么呢？很可能就因这个小细节让酒店得到差评。那么，这件事情到底由谁来负责？是面对成堆文件而没有及时签字的部门领导，还是每天面对投诉而重复解释的前台经理呢？

## 案例小结

作为面对问题的下属，如果只是一味抱怨领导的不作为，问题永远不会得到解决。犹如作为 HRD 的你，明知 CEO 在某些用人策略上有他的局限性，如果你向上影响失败了一次就告诉自己"他太顽固，无法影响"，那么，你和那位前台经理又有何不同呢？所以，情商影响力从来不是先从方法入手，而是从思维入手。你只有很清晰地知道自己日常的思维卡点在哪里，才有可能突破，而人与人之间的差距，其实就是思维认知上的差异。

如何破局？送你五个字：到目前为止！比如：到目前为止，我还没有解决电话机的问题；到目前为止，我还没有成功影响我的老板。你知道这五个字的威力在哪里吗？很显然，加上这五个字之后，你内心接收的信号是：我还可以想其他方案。而没有这五个字，你内心对这件事的判断是：别想了，没戏！在职场能够拥有极强向上的影响力的人，无一例外都具备前一种思维方式；而其他大部分人都抱着后一种思维方式，只要被老板"灭一次"就自动"躺平"。

所以，拥有比 CEO 更高级的思维方式，就是当你发现 CEO 有你所擅长的领域的卡点时，及时、主动、持之以恒地影响他，因为，**你不再只是为了"人事"做分内的事情，而是为了"人力资源"的结果而担责。**

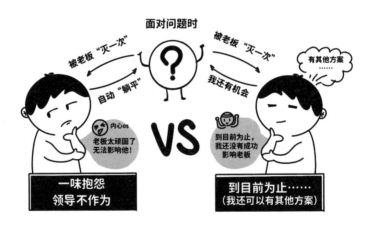

图 5-3　破局关键"到目前为止"

## 可 E 姐给你划重点

· 人都是趋利避害的，而 HRD 能够少"背锅"，甚至比 CEO 处理问题更高级的前提，就是能把 CEO 可能忽略的"为什么"，用员工感兴趣的"利"和"害"呈现清楚，这样你才不会受夹板气，而且还可能成为老板的左膀右臂，员工的知心朋友。

· 拥有比 CEO 更高级的思维方式，就是当你发现 CEO 有你所擅长的领域的卡点时，及时、主动、持之以恒地影响他，因为，你不再只是为了"人事"做分内的事情，而是为了"人力资源"的结果而担责。

如果你想获得本书的所有金句和模型，请关注公众号：可 E 研习院，并回复"新书"，即可获得本书精华合集。

# 第六章

## 站在高情商的视角，洞悉职场难题

· · ·

　　无论你身处哪个行业、哪家公司，跨部门和上下级的冲突几乎每天都在上演，那么，作为 HR 或未来的 HRD，你为什么需要拥有从情绪的视角来洞悉真相的能力呢？因为，就事论事，最容易出事！怎么理解呢？来看看以下这些场景吧。

　　财务部说这笔预算不合规所以批不了，但市场部说热点事件稍纵即逝，因此必须批；采购部说供应商报价与总部要求还有差距需要谈，但销售部说客户这边催得急必须马上签；质量部说为了零风险同批次产品只要一类出问题就要全返工，生产部说人工增加计划被打乱，他们做不到；销售部说客户着急必须赶紧发货，采购部说原料缺货他们无法加急。怎么办？向上哭诉请老板拍板，老板也真心难，判谁赢另一方也不服，但重点是，拍板背后的标准才是关键。

　　如果以"事"的角度来拍板，基本上就是哪个部门的话语权更大，则哪个部门赢的概率就更高。话语权从何而来呢？越是前端的作战部门越拥有话语权，后端的支持部门大概率会败下阵来。如果两方都是支持部门呢？那就取决于老板更重视哪个部门了。

总之，从"事"的角度基本就是权衡利弊，但后果也很显然，经常"输"的那个部门的员工越感觉自己不被重视，暗流涌动的情绪要么影响部门的 KPI，要么就让自己成为"踢皮球"概率最高的部门。隐患何其之多！

上下级之间的冲突亦是如此，但与跨部门冲突不同的是，跨部门冲突往往需要第三方，比如 HRD 或老板来拍板，而上下级冲突根本不需要第三方拍板，上级直接就能"灭"了下级，哪还有什么申诉的机会？当然，不排除有些下级的抗压力不一般，实在不服可能会越级汇报，于是，又上演了跨部门的一幕。后果是什么呢？其实不用我说，你就很清楚，能力弱的下级乖乖服软，而能力强的下级则"炒掉"了老板，可谓上级、下级和组织三败俱伤！所以，身为 HRD，你需要拥有比"事件"更高级的"情绪"视角，来洞悉并解决问题。

# 跨部门冲突如何高情商协调

· 在你工作的企业里，哪些部门容易出现冲突，哪个部门更有可能赢？

· 当最核心的两个部门"开战"时，如果你是 HRD，你愿意主动蹚浑水吗？

· 如果你愿意蹚或曾蹚过浑水，请思考或回忆一下自己的策略是什么？

影视作品里，常会出现这样一句"扎心"的台词："唉，我活成了自己最讨厌的样子。"但其实，我们每个人都希望活成自己最喜欢的样子，为什么我明明想活成 A 状态，却往往活成了 B 状态呢？尤其对于曾经踌躇满志的 HR 小伙伴而言，当年"杀"入职场时，多半都希望成为业务部门的伙伴、CEO 眼里不可或缺的红人，但为什么现状与期望渐行渐远了呢？

我采访过不少 HR 同人关于初入职场时畅想过的画面，有一个共同的画面是：因为做人事，所以希望有能力搞定与"人"相关的事情，但后来发现，天哪，搞定"人"的事太难了！就好比本章开篇所列举的那些跨部门的工作场景，看似都是出"事"了，但其实都是"人"的问题，而协调人际何其之难！

"屁股决定脑袋"这句话，可以最好地囊括跨部门冲突的原因，换句话说，每个部门都要为自己的 KPI 负责，而两个部门的 KPI 当下有矛盾的时候，似乎除了"互撕"就只能妥协，但真的是这样吗？本节用一个案例来洞悉真相。

## 某外企药厂中质量部与生产部的对决

### 案例背景

生产线发生了重大偏差，"偏差"从学术上来说是一种偏离，在这个情境中用大白话来说，就是生产过程中出现了问题。这次偏差发生在包装药片的生产线，最后一道程序是自动检测，每一盒药是否合格需要通过这上面的照相系统，拍照合格的药片就通过，不合格的则会被筛掉。

这一次，某款胃药的次品未被剔除，被后续的人工检查检了出来，这说明检测用的照相系统失灵了！面对如此严重的问题，质量管理人员尤为重视，经过核实，他们做出了决定：除了这款胃药进行返工检查、包装以外，另外89种药的照相系统全部都要更新、升级，因为这90种药属于同一条生产线，都经过这台照相机来检测，虽然另外89种药的系统没有报错，但为了确保零风险，"连坐"就是最安全也是最正确的选择！

可是，这意味着从下一批次开始，这89种药的不合格率会倍增，返工率也会大大增加。但问题是，所谓的不合格率中绝大部分药品都是合格的，它们被剔除仅仅是因为照相机系统的检测标准提升了！你可以想象吗？一线工人从药品盒里把药板拿出来，然后一粒一粒地抠出来，检查没有问题后再重新包装，面对几千盒药，他们的烦躁可想而知！

## 部门关系

如果你能理解生产部一线工人的"抓狂"，那就不难理解生产部门和质量部门的关系了，可以说，他们历来就是水火不容的，因为上述偏差时不时地就会发生。而对于生产部的管理层来说，心疼自己的员工是一个方面，而另一方面是因"连坐"后的返工会打乱生产节奏，从而会引发后续一连串的涟漪反应。

你一定会好奇在这样的外企药厂，类似的问题到底是如何解决的。其实，就是最老套的职场剧情——向上哭诉，要么两位总监对峙，要么由老板拍板。据说，药厂的质量部门拥有至高无上的话语权（行业特点不再赘述），所以，胜方肯定是质量部，那么，生产部的出路就是**不吵也不闹**，带着情绪"认真"返工，至于后续的涟漪反应，他们则静待"水花"的出现，最终两手一摊，让质量部担责。

## 逆风翻盘

多年来该药厂类似问题都是这样悬而未决，可是在 2022 年 2 月份竟被历史性地改写了，因为出现了一个关键人物，此人并不是高管，也并非 HR 出身，她只是技术部的工程师，但她还有一重身份——我的讲师班成员。以下是她的自述：

"虽然我既不是生产部的人，也不是质量部的人，可是我看着他们多年来的冲突，我其实是很糟心的，我完全知道这里面的问题是什么。这次偏差虽然和我们技术部没有任何关系，但是我老板希望我去找生产总监，说一下我们技术部的看法，于是我就去说了，没想到第二天我就成了此偏差的负责人。当时我愣住了，心想：我怎么会变成负责人了呢？这可是个'烫手的山芋'啊！但既然不能把'烫手的山芋'扔掉，那我就吹一吹、吃掉它。"

此刻的你，在为她的好心态竖大拇指的同时，一定更想知道结果是什么，我来向你汇报一下：通过她的协调，三方开会讨论了这个偏差，达成了新的共识，避免了生产线大量的返工。那么，两个部门多年来从未有过的共识，她是如何成功推动的呢？

### 1. 说服质量部，放弃更新 89 种药的照相机系统

"我不能突兀地邀约会议，我要做到情绪先赢。我首先找了质量部经理，把照相机系统的原理讲清楚，并运用了'美女与恶狼'的技巧（也就是人性中的趋利避害）进行说服：一旦改了照相机系统，技术部将会开启更严格的控制照相机的方案，这就面临着停止生产，而停产造成的损失是任何一个部门都无法承担的。至此，质量部经理的态度也柔和了一些，并表达了自己的担忧，同时答应内部开会讨论。当然，整个过程中无论她有多激动，我都平静地表示理解，最后对于她说的内部会议表达了感谢。"

### 2. 邀约会议的邮件仔细斟酌，并创造共同的目标

"邀约会议的时候我思考了一下，明天开会，大家的立场完全相反，质量部想要零风险，生产部员工不能接受多次返工，如何达成一致？我们一定要有一个共同的目标，这个目标就是既有高质量的产品，又不会多次返工。于是我把这个大目标写在了邮件的最后，我相信现在'种草'，24 小时后就会悄然不同。为了开会的士气和效率，我还特地写了会议背景、具体目标以及会议纪律，我要一鼓作气解决它。"

### 3. 会议进行时，不断放大既定目标并及时点赞

"第二天开会，大家都准时到场，看来会议纪律很重要。如我所预期，质量部不会随随便便同意生产部的需求，但最终放弃了更新

所有药品照相机系统的决定，依据照相机的原理，查看数据，最后再决定更新照相机系统的数量，并且提供给生产部查找数据的高效率方法。在这个过程中，我反复给质量部的同事点赞肯定，并提出生产的实际困难也需要他们的帮助。本来约了 1 个小时的会，只用了 32 分钟搞定。在这次会议中，矛盾双方都没有完全达到自己最初的意愿，但找到了一个更好的解决方案，从而达成了我们共同的大目标。"

## 案例小结

"在这个事件中，我之所以能吃掉这个'烫手的山芋'，根本的原因在于我探寻了观点对立双方的动机，偏差本身是负面事件，但我找到了负面事件背后的正面动机，也是矛盾双方期望的目标：为患者提供高质量的药品，同时减少返工。在整个过程中我不断同理双方的感受，让对立观点的双方都感觉我在他们的阵营中，这样在沟通过程中我们彼此的情绪是稳定的，理性的大脑才能正常思考，为后续达成双赢的目标奠定了重要的基础。

"事后，无论是同事还是老板，都对我赞赏有加。我面对那位质量部的同事，能做到不卑不亢、有理有情其实是很难的，要知道，她可是公认的'奇葩'，所谓'奇葩'就是非常难说通，沟通时会从头到尾不听其他人的任何解释，只按照自己的想法输出观点。那为什么我能影响她呢？其实，在我看来，并不是我有多少高超的话术，而是我相信她的'奇葩'或执拗的背后，有一个合理的动机，那就是保证药品的零风险。以往，她的这个合理动机在沟通中总让人很有压迫感，她非黑即白的沟通方式永远要战胜他人，但我从中助力的，就是"鱼和熊掌可以兼得"的新思维，让大家不再对立而是拥抱双赢。"

敲黑板："奇葩"或执拗的观点背后，总有你能发现的合理动机。

## 解析：高情商的 HRD 可以从中获得什么

上述案例发生在生产部和质量部之间，协调员却是一位技术工程师，如果她不是我的讲师班成员，我相信她一定不敢接这个"烫手山芋"，毕竟，类似的跨部门冲突多年循环往复着，足以说明协调的难度系数有多高了。那么，到底是什么阻碍了协调的进展呢？归根结底一句话，洞悉真相的视角出了问题。

以往，我们总是以"事件"的视角来看问题，比如，生产部和质量部有了矛盾，且乍一听各自都有理，那怎么办？我们只能权衡孰轻孰重，最后以"轻"者作为代价方。药品和生命挂钩，药厂百分百以质量为先，跨部门冲突显然会是质量部赢，其他部门输，但最终真正的输家其实是药厂，因为当其他部门开始认为自己人微言轻时，就会该表达的观点不表达，该呈现的问题也不呈现。药厂付出高昂的成本只是显而易见的代价，但肉眼所不能及的又是什么呢？**总是"输家"的部门，员工揣着负面情绪"积极"地工作着，"积极"于加班的表象，而内核却是"怠工"。**

若我们拥有比"事件"视角更高级的"情绪"视角，如何做才能将协调进行得更顺畅呢？

第一，判断各执一词的双方未表达的情绪是什么，比如，质量部坚持零风险而实施"连坐"，这背后是一种担心，甚至是不安全感，而生产部认为"连坐"不合理，显然有一种委屈，甚至是不公平感（一种药品出错就得严查所有种类，大量返工令人怨声载道），当然，他们也会有一种担心，那就是既定的生产计划被打乱。

第二，问自己两个问题："双方的情绪合理吗？如果是我会不会也很相似？""既然情绪可以理解，那背后的动机又是什么？"，比如，质量部的担心是希望我们的药品都是安全的，生产部的委屈是希望投入的人力、物力不是在做无用功。

第三，用提问的方式，设计一个双方都不会拒绝的愿景，比如，怎样的方案是既可以保证药品安全的同时，又不浪费企业的人力和物力呢？

第四，协调过程中，不断认可双方的努力，并提炼双方各自的困难，一步步商讨解决方案。

其实，这就是"双冰山模型"的运用，当双方遇到 A、B 观点分歧的时候，普通人多半就在冰山表层进行"互撕"，"我对你错""我明智你愚蠢"。而高情商的协调者绝非和稀泥高手，他们更擅长引导双方说出冰山底层的感受和动机，并在动机层面先建立共识，然后围绕此共识即目标，再去共创双赢的 C 方案。

那什么又是双赢的定义呢？双赢，从来不是一百分的答案，你我当下都能平静甚至愉快接受，就是双赢。而双赢分为两类，第一类是最理想化的，也就是百分百满足了双方各自的动机；第二类虽不完美但也很不错，也就是部分满足了双方各自的动机，只是双方的百分比不同而已，但最终都得到了双方的认可。这就是高情商 HRD 所需要拥有的新思维和新能力，游刃有余地成为跨部门协调官！

总结一下，高情商的 HRD 到底如何解决跨部门冲突呢？（1）把洞悉问题的视角从"事件"迭代为"情绪"，思考第一个关键问题：两个部门之所以"杠上"了，各自的负面情绪是什么？（2）尝试理解双方情绪背后的正面动机，思考或探寻的第二个关键问题是：双方生气、抵触、担心等情绪的背后，各自真正的关注点又是什么？（3）用"鱼和熊掌可以兼得"的思维促成合作，思考或发起的第三个关键问题是：有什么样的方案可以既关注到 A，又能不忽略 B 呢？

图 6-1　解决跨部门冲突的三个思考

如此一来，你也能成为本节中那位化解冲突的高手，其价值在于，因有能力主动蹚浑水而真正树立自己的威望，同时因有能力摆平冲突而得到老板的青睐，更重要的是，你会因此而越来越欣赏自己，犹如我的这位讲师一般，我始终都能记得她跟我描述这件事时光彩照人的模样，那么，这是你理想中的职场形象吗？

## 可E姐给你划重点

·"屁股决定脑袋"这句话，可以最好地囊括跨部门冲突的原因，换句话说，每个部门都要为自己的KPI负责，而两个部门的KPI当下有矛盾的时候，似乎除了"互撕"就只能妥协，但这真的是真相吗？

·三个问题助力高情商的HRD解决跨部门冲突：（1）两个部门之所以"杠上"，各自的负面情绪是什么？（2）双方生气、抵触、担心等情绪的背后，各自真正的关注点又是什么？（3）有什么样的方案可以既关注到A，又能不忽略B呢？

如果你想获得本书的所有金句和模型，请关注公众号：可E研习院，并回复"新书"，即可获得本书精华合集。

# 上下级冲突如何高情商化解

·在你的职业生涯中，印象最深刻的一次与上司发生冲突是怎样的?

·你曾经听到或看到的最糟糕的上下级冲突，你认为谁的问题更大?

·如果你作为 HRD 要介入上述事件，你会用什么方式来化解冲突呢?

谍战剧《隐秘而伟大》中有这样两段剧情：（1）政法大学毕业，当了警察的顾耀东认为"警察就是为了匡扶正义，保护百姓"，当他奋力追捕偷了两条咸鱼的小偷，而破坏了刑一处正在办的大案的时候，他上司的本能反应是要开除他；（2）警察局为了推卸责任，让警民冲突中的主角顾耀东背诵一篇稿子，把警察的暴力说成正当防卫。在上层看来，这么简单的事他一定能办到，但顾耀东偏偏不能，因为他有自己坚持的正义。所以，在剧中，他一直是令上司头疼的下属，究其原因，要么是双方目标不同，要么是信念不同，当然，也有专业或能力不一致导致的冲突。

而职场中的上下级冲突亦是如此，而且无论是频率还是程度，其实都不亚于第一节讲的"跨部门冲突"，只不过，它不一定如跨部门冲突显而易见，因为员工对老板如果不满，大多都会忍，然后忍到一定程度，要么大爆发、要么交辞呈，这时候你看到的问题已积蓄已久。那么有没有可能在问题初露端倪时，就敏锐地发现并及时介入呢？答案当然是有，但这件事确实相当考验情商力。我仍然借助一个案例来剖析。

## 销售总监与销售经理的年末"崩盘"

### 案例背景

某销售经理曾经是我线下培训的学员，2021年底他主动找我做一对一咨询，付费时他提了一个另类的要求：付费两小时，一小时给自己，一小时给销售总监。我很好奇，便问他这背后的原因，他说："昨天听了您在社群的分享'如何开启高情商年末谈话'，我瞬间被击中，因为上周我刚刚做完和销售总监的年末谈话，结果谈崩了！我知道这里有我的问题，但我更想从两个人的角度一起来解决问题，而且我已经跟老板说了，他也同意。"

我问他"谈崩了"意味着什么，他告诉我："当时谈话的结尾是我说'我要辞职'，他说'那你走流程吧'。"我听完后道："如此'崩盘'的场景，可见那场谈话有多么的对抗，而且都是情绪的对抗。"于是，我带着不一般的使命开始了这两场一对一咨询，咨询结束后令我很开心，他们各自都意识到了改进点，而且销售经理果断成了我的私教学员，但令我感慨的是，明明上司对下属无比欣赏，可为什么下属的感受却是自己根本不被待见？

你可能有点惊讶怎么会有如此巨大的落差，说实话，在第二场咨询的最开始，我也很惊讶。因为，当我问经理"你觉得老板对你的评价可能是什么"，他的回答是："肯定很不满，他认为我的管理能力很差，脾气也很臭。"可当我问总监"除了刚才说到的情绪化以外，你对他的评价还有哪些"，总监居然一连串说出了若干个褒义词：诚信、有担当、积极向上、业务能力强、有上进心、有危机意识、好胜且荣誉感强、懂得分享（销售经验毫不保留地分享给其他团队），业务交给他很放心！你可以想象当时的我，隔着屏幕嘴巴张得有多大。我定了定神，追问了一个问题：如果从对下属的综合满意度而言，1～10分，你会给他打多少分呢？"8分！"总监毫不犹豫地回答。所以，当我说"其实他觉得你对他很不满意"，总监也很震惊。那么，这其中的落差到底是因为什么而产生的呢？

## 冲突线索

### 1. 招聘一线销售，到底谁说了算

总监有三位经理，也就是三个团队，他对这位销售经理的团队人数总感到不满，从年初到年尾，进进出出总是只有两个"兵"，所以，他希望销售经理持续招人。经理也不含糊，列了五项招聘要求给 HR，这下可让 HR 犯难了，因为能达到这五项标准的简历少之又少，而且 HR 又知道这位经理不好惹，于是 HR 向销售总监求援，总监一想这也是实情，于是回复道："这样，咱俩做初试，合格的再由销售经理复试。"没想到，接下来因招不招一位出生于 1988 年的女性，上下级之间产生了分歧：经理担心她这个年龄入职很快会结婚生子，总监认为这是女性员工的权利，不招就是性别歧视，于是，两个人不欢而散。

与此相关的还有一个分歧：新进的销售到底应该由经理亲自带，还是放在电销团队培养。总监发现每一个新入职的销售，这位经理都安排到了电销团队，而不是自己培养，所以总监很生气，因为这会让新人的感受很糟糕，总监认为经理完全就是一种不管不顾的态度。那么，经理为什么会这么安排呢？我后续再告诉你缘由，反正，面对总监的指责，当时经理选择的是：闭嘴。

### 2. 明明业绩超额，为何却得到差评

那场年末谈话最重要的导火索，源自总监对经理的这样一句评

价:"你大部分的时间都花在了自己身上。"听完，经理瞬间就反驳了："我当然有花心思在团队上！"于是冲突继续升级，最后经理甩出一句话"既然你这么不认可我，那我做回一线销售就好了"，总监也丝毫不退缩地回应"可以啊，你找 HR 走正常程序吧"！

三天后，他们分别在和我的一对一咨询中，对这件事有了复盘。经理说："我的团队业绩如此突出，可是他却说我的时间都花在了自己身上，这不是百分百对我的否定嘛！"总监说："他的团队业绩有目共睹，我只是从报表角度反馈一个状况！"经理说："即便我个人业绩占比确实很高，但两个大单我花的时间很少，大部分都在带团队，他为什么不仔细研究一下报表，就这样莫名地否定我……"

## 案例小结

明明是被上司欣赏的下属，为何总有一份深深的不被认可感？仅仅是因为上司不会表达，又或者是因为下属过于敏感吗？根源问题是：他们都很容易被对方的情绪牵着鼻子走，而完全不自知！

先来看第一个招人场景，听到总监说"你这是性别歧视"，经理"蹭"地一下就冒了火，于是总监也被点燃，最后沟通崩盘。如何破局呢？

如果从总监作为突破口，那么，第一步，他要意识到"你这是性别歧视"，这七个字是妥妥的评判而非事实，这句话造成的后果是什么呢？显然，任何一位听者都会不满，只不过大部分的下属会选择"忍"，而案例中这位既有能力又有脾气的下属选择了"飙"。

第二步，有了这个意识后则开始思考：怎样的表达既真实又不得罪人，比如："如果是女性我们就不招，我担心会被公司高管认为是性别歧视。"如此一来，火药味一定会大大降低。

第三步，尝试在理解对方合理动机的基础上，提出一个高质量的问题让下属思考，比如："如果新人很快结婚生子确实会耽误销售工作，那假设 HR 这边没有其他人选的话，你觉得怎么规避这个风险呢？"

如果将经理作为突破口，那么，第一步，当他听到"你这是性别歧视"这七个字，怒的那一刻首先能察觉自己的情绪，这里的重点是"察觉"而非"控制"，因为普通人的情绪反应一闪而过，等到察觉时已然反应结束（当下察觉的方法"心情日记"，我已在第四章第一节"放下评判"中做过解析）。

第二步，察觉后控制情绪，也就是忍住脱口而出想说的第一句话，或当下第一件特别想做但多半也会让自己后悔的事，有一个法则叫作"六秒控制"，就是六秒内什么也别说、什么也别干。

第三步，"六秒控制"后开始思考：怎样的表达不是反弹却有效，比如："这样的评价让我感觉很委屈，因为我并不歧视女性，只是担心这个实际问题而带来的人力浪费。"这就是**"敢说不得罪人"的关键：事实 + 感受 + 动机。**

第四步，做出合理建议，比如："目前我的团队虽然人少但还够用，那我对人选就严格一些，实在不够用再放宽标准，您看行吗？"我相信这样的向上沟通才是有积极影响力的，你同意吗？

再来看第二个年末谈话场景，听到总监说"你大部分的时间都花在了自己身上"，经理"蹭"地一下就回"怼"，于是总监也被点燃，最后沟通崩盘。如何破局呢？

如果将总监作为突破口，那么，第一步，他要意识到"你大部分的时间都花在了自己身上"，这句话看似有事实根据，但对下属来说就是一个差评。而这位下属恰好还是带领团队超额完成指标的经理，他此刻原本想得到的一定是好评，面对落差极大的反馈于他而言就犹如当头一棒。所以，高情商人士的真正必杀技，就是拥有预估他人情绪反应的能力。

第二步，在预估上述那句话除了"惹毛"对方，其他一无是处的基础上，开始思考：如何将这个反馈有效表达，比如："我看到报表上你的个人业绩占比70%，所以会担心你在团队和个人管理方面的时间分配，你能跟我聊聊吗？"如此一来，对方就能开启好好说话的按钮。"负面反馈用高情商表达"的策略：事实＋感受＋探寻。

如果将经理作为突破口，那么，第一步，听到"你大部分的时间都花在了自己身上"，怒的瞬间仍然先是察觉情绪，并且接纳这份情绪，告诉自己"这句话确实让我很生气"。

第二步，启动情绪 ABC 的思维，问自己"我的信念是什么"，于是发现答案：我认为这是他对我的全盘否定。

第三步，尝试改写自己的信念，问自己"真的是这样吗？他有这样的评价还可能源于什么"顺着这个问题，他才有可能发现：也许这是基于年末报表的 70% 占比。（在咨询中这位经理告诉我，他被质疑的当下，其实脑袋是蒙的。）

第四步，合理表达自己的想法，比如："这个评价让我很委屈，因为事实上我的大部分时间用在了团队上，但我猜想可能是因为我个人业绩占比 70%，您会有刚才的评价，所以我想跟你汇报一下细节，您看可以吗？"解锁"合理表达情绪与观点"的关键点：事实＋感受＋动机＋同理他人。

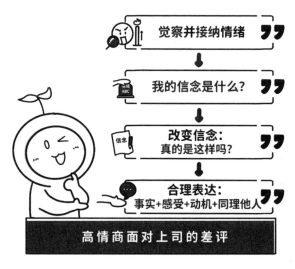

图 6-2　高情商面对上司的差评

以上也是我在这两场一对一咨询中的拆解要点，分别让他们都看到了自己的问题点和改善点，换句话说，他们都拿到了专属自己的方案，但最开始的时候，其实他们都期待我能通过咨询搞定对方。所以，情商力的最佳启动方式是双方同步改善，但更重要的是，一方先改善从而开启正向循环的按钮，因为只要一方的情商力提升了，就足以因自己的不同而积极影响另一方。

## 高情商的 HRD 可以从中获得什么

读到这里，如果你觉得我的咨询过程可圈可点，那就请你思考这样一个问题："如果我也能如此处理企业内部的类似冲突，那么，我未来的 HRD 之路会不会更顺畅？或者，我当下的 HRD 之座会不会更稳固？"

接下来，我将自己的咨询心得结合情商理念，为你做深度拆解。首先，我从事态已进展到上述崩盘画面的角度，来解析 HRD 如何有效帮助他们破局；然后，再尝试将此画面倒推至初露端倪之时，你又该如何及时介入从而让情况不会升级至此。

## 沟通已然崩盘，你如何化解

此案例发生于年末谈话，经理说"我去做一线销售"，总监说"找 HR 走流程"，这个结局显然已经很糟糕了，但重点是，以这两位的真实内心状态，其实都不会主动来找你，可如此劲爆的消息你怎有可能没有耳闻呢？所以，此刻的你，需要思考的第一个问题是：要不要主动出击，如果主动出击先找谁？

我猜想至少有一半的 HRD 会选择按兵不动，毕竟，这样的浑水为什么要去趟呢？但我想告诉你，高情商的 HRD 一定要主动趟浑水！因为上一章我们就已经提到了一个关键思维：为 CEO 解决问题、留住人才。试想一下，如果老板知道了两位销售干将居然发生这么大的冲突，他会不会很难受？所以，问题已经如此明显，请别躲，越躲越会引来老板对你的问责：你作为 HRD 为什么不及时处理，留住业绩优秀的销售经理，摆平他和总监之间的冲突？！所以，**主动蹚浑水，是高情商 HRD 的正确选择。**

那么，此刻的你到底应该先找谁聊呢？我个人建议先找总监，因为经理没有主动找你，你多半就能猜到那是他的一时气话，所以，如果你先找他聊，开场会有点尴尬。当你说"听说你想离职或降级"，正在气头上的他往往会说"对啊，我正想找你呢"，而不会真实地回应"其实我没那么打算"。所以，找总监聊相对比较好，而且你可以了解总监的真实想法，这样对下一场和经理的谈话也有帮助。

当然，也许你会好奇为什么我的两场咨询却先安排了经理，因为从咨询的角度，他是第一求助者，而且我相信他和总监的问题绝不可能只是这件事，所以我需要从更全面的角度先了解第一当事人，然后再选择第二当事人。好了，回归正题，现在你已经调整好了自己的信念，也就是主动解决远胜于被动问责，而且，谈话顺序也确定好了，那接下来你还需要做何准备呢？

四个字：心理准备。任何一位向你吐槽对方时，你做何反应呢？第一，千万不要做任何评价，比如：他这么过分啊、他怎么可以这样说话、他这种反应简直就是……要知道，这些话只会加重说者的负面情绪，而且，还会更强化"我是对的"！

第二，千万不要做任何解释，比如：他应该不是这个意思吧、我想他其实也没有恶意、我觉得他这么说是因为……告诉你，这些话只会让说者更生气，因为，他感觉你是那头派来的！

第三,千万不要一味地"嗯、哈、是",因为这对说者来说就是敷衍!

天哪,现在你是不是感觉简直不知道该如何说话了?日常生活中我们的本能反应往往都会让你掉入"沟通漏斗"的坑,你的评价本想表达对他的认同,但反而让对方的情绪更糟糕了;你的解释本想让他的情绪降级,但他却觉得你和他不在一个阵营而更激动;你的"嗯、哈、是"本想表达自己在认真地听,但他却感觉被敷衍。所以,沟通就是个技术活,而高情商如何帮你解锁这项新技能呢?正解其实只有一个:**揣着同理心和对方进行走心的沟通。**

当总监说"他居然敢跟我叫板,还敢威胁我说降级去做销售",请你用这样的方式来回应:"被下属挑战确实会很生气,所以我知道你回他的那句话也是气话,对吗?"这时的总监一定会说:"对啊,真是把我给气死了,而且我跟你说,他不光是这次啊,以前……"你继续用同理心的方式,让他的情绪有一个疏通的渠道,再启动关键性的问题让谈话进入真正的频道,比如:"看来他让你头疼不是一天两天了,那这么长时间你都能容忍他,我相信你也一定是对他有欣赏的地方吧?"于是,找到欣赏点,再回到他们的冲突点。剖析的重点是:如何调整自己的沟通方式,来提升对这样有能力又"刺头"型下属的影响力呢?

那么,跟经理的谈话又该如何拿捏要点呢?开场有两种方式,第一种"我跟总监聊过了,其实他非常不愿意你真的来找我走流程";第二种"你们的冲突我听说了,我相信最后那句话其实是你的一时气话"。至于谈话中你一定也会听到各种吐槽，原则与总监的上一段是一样的，不做评价、解释、敷衍，而尝试用同理心的方式说出经理在情景中的感受，比如"业绩超标却得到差评，我理解你一定很委屈，感觉不公平"，允许他宣泄一下情绪，然后再用关键性的问题去翻转他的信念，比如"大部分时间都花在自己身上，这句话让你觉得是总监对你的全盘否定，那站在他的角度，你觉得可能是什么原因会让他有这个评价呢"。如此一来，你才有机会让他在平静中看到这个评价的真相。

所以，**走心沟通的关键，是把关注点放在对方身上，而不是急于将自己的真知灼见让对方悉数买单。**

## 画面倒推，如何介入问题

事实上，在一线销售招聘的冲突中，HRD 就应该及时介入了。还记得吗？首先，之前提到的一位出生于 1988 年的女性，到底招还是不招，就已经凸显了他们的冲突。其次，新进的销售应该由经理亲自带，而非放在电销团队培养，这个问题总监一直对经理的做法很不满，但经理一直我行我素。我相信这两个问题 HRD 早就看到了，但没有介入，为什么？因为不知道该如何介入，我来为你一一破解。

第一，出生于 1988 年的女性招不招，这其实不是关键问题，真正的问题是，经理列过五项用人标准，HR 说太难，所以销售总监说"我们初试再由销售经理复试"。销售总监的解决方案，其初衷特别好，想化解一下用人和招人之间的难题，但结果一定不会好，因为标准尚未统一，怎可能通过这样的初试加复试就愉快解决呢？

所以，如果你是高情商的 HRD，在那一刻就应该及时介入，沟通的重点不是总监而是经理，因为真正用人的是这位经理，你可以这样表达："这五项标准全部符合确实很有难度，但我也能理解这是让你满意的标准，所以，在初试简历很难达标的情况下，我想请你排个序，也就是这五项中最重要的两项是什么，这样我们可以相对放宽一下初试标准，复试阶段再做筛选，你看可以吗？"由此，不需要让销售总监来趟这不必要的浑水。

至于，带新人的方式，看似这是销售部的内部问题，但很显然已成为这对上下级之间的一个卡点，高情商 HRD 则会及时介入，此刻的你很清楚地知道，经理"我行我素"的背后必然有一些他的考量点，只不过在上下级冲突的情绪中，不愿意说罢了。那么，你怎样有能力打开他的心扉呢？

"其实你知道总监希望你亲自带，是因为担心在电销团队，新人有一种不被自己的上司重视的感觉，但我相信，你之所以有这样的做法肯定也有你的合理出发点，你方便跟我聊聊吗？"

"我这样做是有两个原因，一来我很忙也缺乏一些耐心，怕顾及不到新人；二来我真心觉得电销团队的话术培训非常到位，所以新人在那里训练两个月再回到我这里，上手会非常快，效果也会更好啊！"

这就是销售经理告诉我的原话，但为什么就是不告诉总监？因为他们在对抗的抵触情绪中，经理根本不愿意开口，这才是他们真正的问题！所以，当你具备了高情商，无论你是不是 HRD，都有机会做协调员而非"和稀泥"。敲黑板：**明明有好想法却打死也不说，往往因为抵触情绪而不愿意开口。**

当然，你可能也很想问我，知道了经理的心声怎样继续调解呢？我们反复强调的"鱼和熊掌可以兼得"，这个思维能让你随时随地成为真正的解决问题的高手，怎么运用呢？"你的想法原来是这样，我觉得特别好，当然，总监担心的不被重视也不无道理，你觉得怎样可以兼顾呢？也就是既不让新人有这种感觉，又可以如你所愿的在电销团队先磨炼呢？"此刻的销售经理，有百分百的意愿和能力琢磨出双赢的方案。

总结一下，高情商 HRD 到底如何平息上下级冲突？（1）早介入远比晚处理更明智，小问题及时干预，比如招聘标准有难度的时候，用高情商方式去化解，而非把上级卷入而加深矛盾；（2）大冲突已然出现时，不要等到一方来投诉，或老板来问责时再行动，主动关心双方的感受、探寻双方的动机，找到各自的提升点。

这就是**高情商 HRD 防患于未然的做法**，在有"小火苗"，甚至是"小火星"的时候，就用你的高情商去掐灭它们，这样你才真正是 CEO 眼里的红人、团队的主心骨。

## 可 E 姐给你划重点

·情商力的最佳启动方式是双方同步改善，但更重要的是，一方先改善从而开启正向循环的按钮，因为只要一方的情商力提升了，就足以因自己的不同而积极影响另一方。

·高情商 HRD 到底如何平息上下级冲突？（1）早介入远比晚处理更明智，小问题及时干预，比如招聘标准有难度的时候，用高情商方式去化解，而非把上级卷入而加深矛盾；（2）大冲突已然出现时，不要等到一方来投诉，或老板来问责时再行动，主动关心双方的感受、探寻双方的动机，找到各自的提升点。

如果你想获得本书的所有金句和模型，请关注公众号：可 E 研习院，并回复"新书"，即可获得本书精华合集。

# 第七章

## 运用高情商辅导，提高组织领导力

· · ·

领导力是个永恒的话题，无论是 CEO 还是 HRD，都知道它的重要性，很多企业也在领导力的提升上花费了不少财力，结果如何呢？坦白地说，令人满意的比例并不高，那么，培训、游学、参访等这些看似颇有收获的投入，为何产出往往并不乐观呢？我们来看这样一张图，源于《精力管理》这本书中一个很重要的模型，叫作能量金字塔。

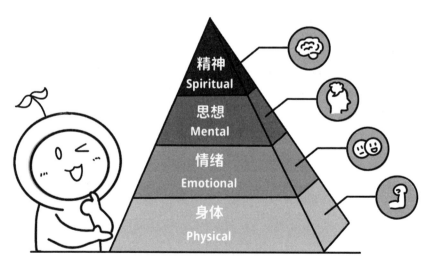

图 7-1　能量金字塔

人的能量，从身体到情绪，到思想，再到精神层面越来越高，那么，怎样应用能量金字塔模型呢？五六年前，我在一次线上有 2000 多名 HR 的沙龙中，和大家是这样分享的：身体层面包含生理和环境，职场中的绝大部分人这一层是没问题的，但为什么我们常常在思想的层面，注入了很多的知识、理论和工具，但并没有在精神的层面产生蜕变呢？其原因是，情绪这一层并不扎实，或者说，**情绪不积极、意愿度并不强，那么，懂再多的道理还是过不好自己的人生。**

这就是为什么之前我提到这样一个观点：管理学家多年前就把情商誉为企业的情绪生产力。换句话说，情绪可以倍增或倍减生产力，因此，真正的领导力是擅用情绪影响力，来推动人在精神层面的改变，继而推动组织的目标达成。但扪心自问一下，在职场又有多少管理者已拥有了情绪影响力？在士气低迷时，他们能激发团队走出低谷；在员工受挫时，他们能积极地让对方看到自己的成长。这样高情商的管理团队，才是 HRD 真正需要推动组织去打造的，你同意吗？

# 高情商领导力如何赢得人心

**请你带着这些问题阅读**

·"非职权影响力"这个词你可能不陌生，你认为它的关键点是什么？

·如果员工敬业度的平均分不太高，你觉得这背后的原因有哪些呢？

·如果你是 HRM 或 HRD，你所在的企业是如何推动领导力的？

我不是"格言控"也不是"追星族"，但这四句名人名言，我抑制不住地想分享给你。

·沟通是任何领导者所拥有的最重要的技能。

——理查德·布兰森

·成功领导的关键是影响力，而不是权威。

——肯尼斯·布兰查德

·有效的领导力不是指演讲或取悦于人；领导力取决于结果，而不是职位。

——彼得·德鲁克

·欲变世界，先变自身。

——圣雄甘地

领导者需要确保他们和团队之间有一条畅通的沟通渠道，而不是通知渠道。真正有影响力的领导者会赋予团队信任，而信任是双向的，它会产生切实的结果。而且，光说不做是没有用的，领导者必须带着以身作则的心态开始每一天。

14 年的线下培训中，领导力课程占比过半，我的《赢得人心的柔软力量》这门课，之所以在企业的复购率很高，尤其是惠普、平安、奔驰这样的大公司都是连续三年采购，因为 90% 以上的管理者都渴望自己能拥有赢得人心的影响力，但根本不知道赢得人心的关键其实就是情商领导力，大部分管理者仍然在"就事论事"的旋涡中打转，小部分管理者知道情商可以增强领导力却很难做到。所以，这一章节，我们的重点就放在"高情商为何是提升领导力的关键"以及"高情商领导力的突破该如何进行"这两个板块。

## 高情商为何是提升领导力的关键

### 案例背景

在我的职业生涯中，最特殊的一次培训经历是这样的：学员人数只有 7 位，同一家公司的合伙人，因为都很忙所以把两天的课程压缩到了一天的早 9 晚 11，而需求是什么呢？"我们 7 个人无法坐在一起开会，因为一开会就'炸锅'！"这就是我最开始了解到的信息，可想而知，当我接下这个培训需求的时候，也是很有压力的，那结果是什么呢？上完课，他们的 HRD 马上跟我确定了第二次的管理层培训。分享这个部分，并不只是想炫耀一下我的培训功力，更重要的是，7 位合伙人一开会就"炸锅"，这个表象背后深层次的原因，才是我将延展的核心，也是我发现大部分管理者真正需要提升领导力的关键。

### 深层原因

"一开会就'炸锅'"，我最初听到这句话后的本能反应是：他们 7 个人肯定谁都不服谁。但我错了，事实上，他们的私交特别好，可以说是那种患难与共的"铁磁"，所以在公司从零到一的阶段是绝对的齐心合力，业务也蒸蒸日上，很快团队规模就过了百，B 轮和

C 轮融资都已完成。可是，发展越快就意味着决策越多，而决策就意味着意见会有不同，7 位合伙人都是元老，也都希望公司越来越好，何况彼此关系又好，因此，他们的沟通方式就是无须遮掩的直言不讳，于是，"炸锅"的频率和指数就越来越高，以致后来他们一想到开会就开始发毛。

**案例解析**

如何破解他们开会的冲突局面呢？既然直言不讳是问题点，那闭嘴不吭声是解药吗？不！**直言不讳的反面绝不是闭口不言，而是"直言有讳"的敢说而不得罪人！**这项能力也是情商赋予人们由内而外的魅力，特别是在领导力的板块中，无论是向上沟通还是向下管理，都尤为关键。

向上沟通中它毋庸置疑很重要，每个人都希望自己有能力表达和上司不一样的观点，但同时还能不破坏与上司的关系，那么，为什么在向下管理中也尤为重要呢？因为当你有越来越多的机会面对"90 后"和"00 后"的下属，如果你总是说一些内容正确却令人不爽的话，这些更多关注个人感受的员工将更不买账，他们要么消极怠工、要么积极走人，最终抓狂的仍然是你。这就是为什么"敢说而不得罪人"可谓现代管理者的核心能力。但我发现，大部分的管理者停留在这样两个极端上：要么敢说特得罪人，要么不说憋死自己。因此，高情商的领导力就是让你先拥有敢说而不得罪人的必备技能，然后才能打好"赢得人心"的基础。

## 案例小结

如何拥有"敢说而不得罪人"的关键能力，我会在本章的第二节做详细拆解，现在，我们先从"为什么高情商是领导力的关键"这个角度做个收尾。

案例中的 7 位合伙人之所以在会议中冲突不断，一方面，大家彼此信任且目标一致，所以坦诚相见且不回避问题，这是积极的一面，但利弊参半的另一面是，每个人都以直言不讳的方式将分歧推升至零共识。那么，直言不讳是沟通大忌吗？或者说，直言不讳的结果一定是"忠言逆耳"吗？坦白地说，直言不讳的人基本都认为自己说的话就是忠言逆耳，潜台词是什么呢？正因为逆耳的是我的"忠言"，所以你应该好好听。但人性又是怎样的呢？我知道是忠言，但就因为它"逆耳"，所以我就是不想听！而高情商就是让我们不要违背人性，明知道自己的话"很难听"，还非要对方"好好听"，你说这是不是反人性？

其实，**高情商的重点就是：忠言也可以顺耳，换言之，直言不讳的同时完全可以照顾到对方的感受，这就是高情商的"直言有讳"。**由此，当 7 位合伙人开始意识到在一轮又一轮的冲突中，原本各自看到的都是对方的问题，但其实完全有自己可以改善的部分。他们马上就在原计划的晚间模拟会议中，满怀期待与信心地开启了实战。虽然，我不能说这场会已经开得非常好了，但明显有了不同，每一位都不再听完就直接反馈说"你不对、我不同意、这样不合理"之类的话，而是语速刻意减慢，同时用"我理解一下你的意思……""我的想法是……，但是我也能理解你的意思是……"，于是出现了非常有意思的现象，火药味几乎没有了，而共识也慢慢开始出现了。

这个神奇的变化过程，仅仅是因为上述这些非同一般的高情商用词吗？当然不是，最关键的是，他们先意识到了以往那种直指他人痛处的沟通方式，真的相当"得罪人"，由此才开始愿意去尝试这些高情商的用词，体会完全不同的沟通成果。最后，他们的培训反馈是：超出预期。

那么，他们的故事又能带给管理者们哪些启发呢？"敢说而不得罪人"，拥有这项能力的人不超过10%，大部分管理者的平级和向下沟通，基本处于"敢说即'拍死'对方"的状态，这也是为什么跨部门冲突不断，以及下属大多很憋屈的原因。

而大部分管理者的向上沟通，往往在"敢说则得罪老板"和"不说就憋死自己"的两极游走，至于比例估计也适合二八法则吧，反正，大部分人面对老板都会比较尿。

但是，"95后""00后"未来的这个趋势应该会发生翻转，这也是为什么管理者越来越头疼的原因。因此，高情商领导力的表现是：无论面对老板、下属还是平级，都能做到"敢说而不得罪人"，用积极的情绪影响力，推动事件更漂亮地解决，而这正是"赢得人心"的来源，比如，下属情绪很低落，你能够通过走心的沟通让他走出低谷，继而KPI提升；意见有分歧，你能够通过走心的沟通让他感受到你对他的理解，继而双方才有积极的意愿去达成共识。

# 高情商领导力的突破该如何进行

## 敬业度 Q12 之情商版解析

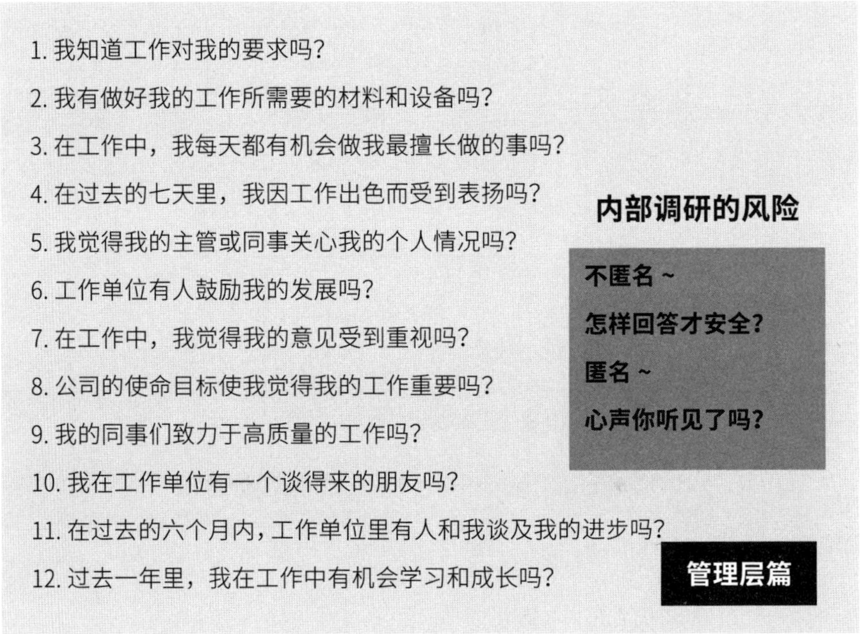

1. 我知道工作对我的要求吗？

2. 我有做好我的工作所需要的材料和设备吗？

3. 在工作中，我每天都有机会做我最擅长做的事吗？

4. 在过去的七天里，我因工作出色而受到表扬吗？

5. 我觉得我的主管或同事关心我的个人情况吗？

6. 工作单位有人鼓励我的发展吗？

7. 在工作中，我觉得我的意见受到重视吗？

8. 公司的使命目标使我觉得我的工作重要吗？

9. 我的同事们致力于高质量的工作吗？

10. 我在工作单位有一个谈得来的朋友吗？

11. 在过去的六个月内，工作单位里有人和我谈及我的进步吗？

12. 过去一年里，我在工作中有机会学习和成长吗？

**内部调研的风险**

不匿名 ~

怎样回答才安全？

匿名 ~

心声你听见了吗？

**管理层篇**

图 7-2　盖洛普敬业度调研 Q12（管理层篇）

这是前言中引入过的盖洛普敬业度调研 Q12，但我特别不建议企业用于内部调研，因为风险极大。如果内部调研，你是采取匿名还是不匿名的方式呢？这个问题我采访过很多 HRM 和 HRD，他们几乎都回答的是"匿名"。确实，如果不匿名的话，对于员工而言，内心的负担太重，"怎么回答才安全"这一定是大多数员工的心声。那么，匿名了就没问题了吗？当员工真实回答后（每道题 1 ~ 5 分），你知道这意味着什么吗？

我们仔细看看 Q12，几乎所有的问题都是针对员工的内心感受而设计的。所以，当员工真实受访且打分都不高的时候，他们的内心其实已然发出了呐喊："老板，快来关注一下我的感受吧，赶紧夸夸我、鼓励一下我、关心我的发展、重视我的意见吧！"那么，结果往往是什么呢？HRM 和 HRD，你们懂的……

再怎么匿名也可以按部门来回收，由此可以计算出各部门的敬业度平均分，于是对于垫底的部门，大老板一定很不满，多半会把 HRD 找来问话："这个部门的敬业度不高啊，你看看，与年末考评结合一下，或者明年给这个部门安排一下培训。"你发现了吗？员工真实回答后的结果对于员工而言，往往是自己可能被"修理"，而原本他们的期待是管理者可以改变！面对如此巨大的落差，怎能不叫员工"心寒"呢？

多年前的一次 HR 专题培训上，当我解析至此，一位 HRM 站起来说："我们公司连续三年采购了敬业度调研，我现在才明白为什么今年发下去，听到员工的反应是'哎哟，又来了'，但当时我真的很纳闷，老师，这个调研方法不能用吗？"

敬业度的调研到底能不能用呢？我的答案是：能，但不一定非要用来调研，而是可以用于管理层的自我意识与能力提升。如何理解？举个例子，如果我是一位管理者，面对 Q12，应该这样问自己：每一个问题我预估我的团队平均分会是多少？如果这个分数不高，这说明我应该如何提升自己的领导力？比如，Q4 是关于表扬的，不管团队打分多少，其实这都说明员工很希望自己经常能得到表扬，那么，我是一个善于表扬他人的领导吗？如果这是我的短板，我的问题是根本发现不了员工的闪光点，还是能发现但不善于表达呢？如果是前者，我为什么发现不了呢？是不是因为我总是用自己的高标准去衡量他人，然后总也看不到他人的优势呢？如果是后者，我是不是应该刻意学习一些表扬他人的高情商方法呢？

此刻你有没有眼睛一亮？就一个问题 Q4，居然能延伸出如此多的问题，可谓是"灵魂拷问"啊！重点是，这一连串的问题引发的是自我提升的意识，而非以往仅仅因一个糟糕的分数，就给员工贴上一个"不敬业"的标签！

所以，**对管理者而言，Q12 不是拿来考核员工的，而是用来扪心自问的**。而且，Q3 ～ Q12 这 10 个问题，都可以用上述 Q4 的方式来拆解，那么 Q1 和 Q2 呢？这两个问题偏事件，后十个问题偏感受，但是我想告诉你，千万别小看"事件"类的问题。我来为你深度解析一个与 Q1 相关的案例，让你从中发现提高情商的精髓。

## 敬业度 Q1 背后隐藏的故事

敬业度 Q12 的所有问题中，Q1 是最简单的，"我知道工作对我的要求吗"，我相信大部分管理者都会认为，如果员工参加这项调研，最起码 Q1 的回答应该分数不低，但是我想告诉你：不一定。

## 案例背景

在我的线下培训中，每次不可或缺的就是案例解析环节，曾经有一个职场新人提出了这样的一个问题，他说："老师，我是做人力资源工作的，我特别困扰的是，最近我一直需要加班。"当时我的第一个反应是："你是什么行业的 HR，会这么忙呢？"他说："老师，其实行业不重要，最重要的是每天我有 4～5 个小时，需要在线回答集团近 2000 员工在 OA 系统上的提问，所以，我手上有很多的工作就落下了，我必须要用加班的方式才能完成。"于是我问他："我很想知道你的直属经理，对于你每天 4～5 个小时的在线回答问题，是怎么看的？"新人说："我的 HR 经理很明确地告诉我'这个不重要'。"

当他说完这句话，我明显感受到了课堂上的骚动，以及其他人看这个新人异样的眼光，我大概能解读到他们的想法是：这人也太拎不清了，搞不清重点啊！但我并没有做任何评判，我选择继续问他："我很好奇的是，是什么给了你这么大的动力，让你明知老板并不认同却持之以恒地在做呢？"他坚定地回答道："因为我觉得随时随地回答员工的问题，就是 HR 表达对员工的关怀。"这个时候，我能感受到来自现场更异样的眼光，而此时的"更异样"，是从之前的不理解甚至是鄙视，改为了欣赏甚至是崇敬！

这个案例我讲给很多职场的管理者听过，如果我问他们："你对这个新人现在的感觉是什么？"他们都会告诉我说："天哪，这孩子太敬业了！"是啊，这个新人的工作职责中并没有"负责员工关怀"，但是他却认为，自己额外做这些事情，就是在表达对员工的关怀，多崇高的动机啊！

## 问题症结

其实，案例解析才刚刚开始，在课堂上，我继续问他："那你每天用四五个小时的在线回答，应该会有很多类似的问题，我很想知道你们公司的新员工入职，有这方面的培训吗？"他说"有啊"，接着我继续问这方面的培训是谁做的，他说"是我"。瞬间，他意识到：如果自己在新员工 HR 知识方面的培训能够做得更到位，那每天在 OA 系统上提问的人就会大大减少了！

至此，表面上我们找到了问题的症结，但其实我更想跟你剖析的是我内心的感慨。我感慨的是什么呢？这位新人的困惑一直带到了我的课堂上，这说明过往 HR 经理和他对于这件事情的沟通是完全无效的。

而这类沟通我不需要问都可以脑补画面：过往，每次经理经过新人的办公桌，看到他在 OA 系统上回答问题都会说："我不是跟你说了吗？不要做这个，这个不重要，赶紧做我让你做的事情！""嗯，好的，我知道了。"这是新人在面对经理的指责和压力下最正常的反应。结果呢？那就是经理扭头一走，新人低头接着干！这是为什么？

## 案例解析

事实上对照Q1，这位新人很清楚地知道公司对自己的工作要求，但自驱力强的人，往往会以自己的价值观来调整行为的排序，换言之：当我认为某件事情比老板交代我的事更重要，我的第一选项很有可能还是做那件事。

我们来想一下这位新人和他的领导日常真实的沟通画面，他们基本都重复着这样的画面：领导说"别做了"，员工回"哦，好的"。而每次问题都没有解决，因此这个案例我更想请你思考的问题是：如果你是这位新人的直属经理，你如何让这位员工不需要等到上我的课，你们俩就可以愉快地解决上述问题呢？

此刻，你可以静静地思考一下，我在下一节揭晓答案。此处，我来做一下本节的总结，关于"领导力如何赢得人心"，我们从两个板块进行了剖析，分别是：高情商为什么是提升领导力的关键和高情商领导力的突破该如何进行。

第一个板块的关键词是"敢说而不得罪人"，作为高情商的管理者，无论对上、对下还是平行沟通，都应该具备真实表达观点，又不破坏关系的能力，如此，才能拥有赢得人心的基础。第二个板块的关键词是"敬业度Q12"，用这12个问题反推自己应该具备的能力，而非一味抱怨员工的不敬业，这才是高情商领导力的真正突破点。

## 可E姐给你划重点

·直言不讳的人基本都认为自己说的话就是忠言逆耳，潜台词是什么呢？正因为逆耳的是我的"忠言"，所以你应该好好听。但人性又是怎样的呢？我知道是忠言，但就因为它"逆耳"，所以我就是不想听！

·高情商为什么是提升领导力的关键？这个板块的关键词是"敢说而不得罪人"，作为高情商的管理者，无论对上、对下还是平行沟通，都应该具备真实表达观点，又不破坏关系的能力，如此，才能拥有赢得人心的基础。

·高情商领导力的突破该如何进行？这个板块的关键词是"敬业度Q12"，用这12个问题反推自己应该具备的能力，而非一味抱怨员工的不敬业，这才是高情商领导力的真正突破点。


如果你想获得本书的所有金句和模型，请关注公众号：可E研习院，并回复"新书"，即可获得本书精华合集。

# HRD 如何高情商辅导管理层

**请你带着这些问题阅读**

· 当你发现平行部门管理者的领导力不给力，你会出手拯救他吗？

· 如果你曾经拯救过其他管理者，过程和结果令你们双方满意吗？

· 如果你是 HRD 但极少辅导平级，是什么原因阻碍了你？


曾茂军先生（曾任万达集团人力资源部副总经理）在"第六届中外管理人力资本发展论坛"上分享《如何打造 HR 职业化队伍》，在其中的"企业发展的 GPS"板块，他说："第一个 G 是成长，一个优秀的 HRD 首先要确保企业的业务能够健康成长；第二个 P 是要成为业绩的推进器，HRD 也要能确保企业的业绩增长；第三个 S 是管理督导而非服务，如果仅仅是服务，对我们自己的定位就低了，所以，HRD 必须做到管理督导。"

我借用曾先生赋予 HRD 的崇高使命"管理督导"来延伸落地，我相信此刻的你，已然具备了高情商的眼光来看待周遭的人与事，但随之而来的问题是，当你发现组织内部的管理者有低情商的行为时，你又该如何指出呢？如果你直截了当地告诉对方"你这样做（说）很不对""你这种方式很不妥"，那么，你瞬间也掉入了低情商的陷阱，所以，**千万不要凭借高情商的视角，叠加低情商的方式来反馈他人的问题**，你需要继续精进一个能力：高情商辅导管理层的能力。

写书过程中，我采访过老板、HR 和其他管理者，之所以采访老板，是为之前的"CEO 思维"做准备，而采访后两类人，则是为书中更多的章节打基础。

那么，是什么激发了我写本章主题的灵感呢？其实，源于有一位管理者谈到与 HRD 互动中的不满，他的原话大概是：HRD 总是对我们指手画脚，经常跑来分析我们这些部门负责人的问题，尤其是评价我们带团队的方式怎么怎么样，我经常用"你行你来带啊"回怼他。我听完用"强势辅导"四个字来概括，他说"非常正确"。由此，本节我们就来谈谈高情商的"温柔而坚定"，如何可以替代"强势辅导"。

## HR"小菜鸟"的案例延展

我们还拿上一节讲的职场新人的案例来剖析。如果你恰好目睹了这组上下级之间的日常互动，或者通过 HR 经理的抱怨知道了这件事，当然，不管哪种方式，你现在只是知道了他们之间的不和谐，而员工的真实想法你并不知道，那么，你应该如何高情商地介入呢？

首先，我建议你找员工聊聊，弄清楚他的真实想法，毕竟，你脑海中的双冰山图正告诉你：从事件层面看到两个人的观点不同，那他们海平面下面的动机肯定不同。而如何开口也很考验你的情商，请你用"事实＋同理＋提问"的方式进行。

比如："我发现你和经理在'线上问答'这件事上意见很不一致，我相信你很清楚经理的想法，但我也相信你这样做肯定也有你的道理，你愿意跟我聊聊吗？"当你获知了他的真实想法后，千万别吝啬对他的赞美，同时，引导他去思考怎样可以更好地解决问题。比如："我猜想你没有告诉经理，是因为觉得自己被指责了，当然，你其实也很清楚，你越不说他就越不理解，你们的矛盾也会更深，对吗（还是用'同理＋提问'的方式）？这样，我也会和经理沟通一下，然后你们再做深入沟通好吗？"接下来，你可以找经理好好聊聊，进行一场高情商的辅导，而非强势辅导。

## 1. 做好高情商解析问题的专业储备

Q1看似很简单，但仍存在"沟通漏斗"。第一个"漏斗"，来自人们不同的理解，哪怕每家公司都有非常明确的岗位说明书，但不同的人看完同一份岗位说明书，理解可能不一样，所以做出的行为不一样。第二个"漏斗"，与这个职场新人的经历相关，千万不要忽略价值观对一个人行为的影响，而且价值观是没有对错的。所以，当下一次看到员工的行为不如你所期待的那一刻，你首先应该思考的是：我和他在工作内容的信息传递上有没有可能出现"漏斗"？其次，你应该思考的是：我是不是根本不理解他的价值观，或我不知道他的动机是什么？

## 2. 做好高情商辅导经理的开场准备

当你想去辅导经理的时候，请千万记住：他此刻并不认为自己需要辅导。你的开场白不需要绕弯，但也别直指他的问题，你需要先激发他想解决这个问题的欲望。开场白到底如何设计呢？

"最近我发现你和小 A 在'在线问答'这件事上，好像总是不太和谐，你是什么感觉呀（事实＋询问感受＝让他说出真实想法）？哦，你说了他好几次啦，那确实挺生气的，我看他也一直在加班完成工作，不过这个问题如果不解决的话，你会有什么担心吗（同理＋放大问题＝让他重视）？我今天正好因为其他工作跟小 A 聊了几句，意外地发现你们之间其实存在着误会，你想不想听听我的想法？"

## 3. 用好高情商提问打开经理的思维

上述的开场令你自然地进入正题："我知道你每次看到他在做'在线问答'时，心里肯定很生气，会觉得自己说了这么多次，他还是这样地分不清重点，对吗（同理经理的感受＋动机）？今天当我问他原因的时候，他说'随时随地回答员工的问题，就是 HR 对员工的关怀'，我很想知道你此刻对他是什么感觉呀？

"对呀，我当时也跟你一样，有点惊讶，甚至还有点欣赏他呢。那你好不好奇为什么他没有跟你说呀？嗯，其实这也是我想跟你分享的一个提问经验，你看，如果我现在问你'你为什么总是这么做'，你是不是感觉不太舒服，就不想回答？所以，'为什么'这三个字很容易让人感觉被质问，甚至是被指责，很多人就会抗拒回答。我以前也经常这么问下属，发现效果很不好，所以我现在就调整了，刚才我是这么问他的，'我发现你和经理在线上问答这件事上看法很不一致，我相信你很清楚经理的想法，但我也相信你这样做肯定也有你的道理，你愿意跟我聊聊吗'，不知道你感觉怎么样？"

由此，你们就有一个充分沟通的机会，而之所以可以进入"充分沟通"，是因为你并没有给对方被教育的负面感受，更多的是一种心得体会的分享，通过问答式的双向沟通，你开始让对方渐渐意识到：（1）自己不经意间的指责，掐灭了发现真相的可能；（2）因为根本不了解真相，所以解决方案更无踪影。

换句话说，让经理意识到自己的问题，其实是关键的第一步。第二步才是利用"鱼和熊掌可以兼得"的思维，引导至如何双赢，也就是说：怎样既能完成本职工作，又能表达对员工的关怀，同时还能做到不加班。顺着这个思路，很有可能就会找到"改善工作方法"的关键方案。这样一来，员工既被认可了，能力也提升了，敬业度显然也就更上一层楼了。

因此，高情商辅导的关键能力是"提问"，高情商的 HRD 首先需要通过提问让管理者有意愿被辅导，同时，引导对方意识到自己可改善的问题。然后，辅导管理者学会高情商的提问：（1）把"为什么这么做"迭代成"我相信你和我不一样，你肯定有你的道理，你愿意分享一下吗"这样更有效的问题，从而打开员工的心扉，让彼此能够进入深层的双向沟通，而非以往浅显的单向告知；（2）学会真心为对方的动机点赞，要知道，对方的观点你可以不认同，但动机往往都是正面的，比如上述案例中那位职场新人的真实想法，你可以说"太好了，原来你在表达对员工的关怀，真的很走心啊"；（3）再接下来，你可以尝试面向未来提出一个双赢的问题，比如："我们要不要来看一下，怎样可以既表达对员工的关怀，又不需要用加班的方式来完成你手头上的工作呢"。这三类高情商问题，让管理者既能培养员工的能力，又能激发员工的热情，而这样的领导力怎不让组织熠熠生辉呢？

## 可 E 姐给你划重点

· 当下一次看到员工的行为不如你所期待的那一刻，首先，你应该思考的是：我和他在工作内容的信息传递上有没有可能出现"漏斗"？其次，你可以思考的是：我是不是根本不理解他的价值观，或我不知道他的动机是什么？

· 当你想去辅导经理的时候，请千万记住：他此刻并不认为自己需要辅导。你的开场白不需要绕弯，但也别直指他的问题，你需要先激发他想解决这个问题的欲望。

· 辅导管理者学会高情商的提问，把"为什么这么做"迭代成"我相信你和我不一样，你肯定有你的道理，你愿意分享一下吗"这样更有效的问题，从而打开员工的心扉，让彼此能够进入深层的双向沟通，而非以往浅显的单向告知。

如果你想获得本书的所有金句和模型，请关注公众号：可 E 研习院，并回复"新书"，即可获得本书精华合集。

# 第八章

## 撬动情绪资源，提高全员敬业度

· · ·

恭喜你进入本书的收官篇"敬业度"，而这个关键词在本书可谓贯穿全程，它的第一次亮相是在"前言"，当时我介绍了它的定义，以及领导力与敬业度之间的关系，同时有这样一句小结：高情商HRD能够辅导管理层的领导力，加强企业内部的凝聚力，提高整体的敬业度，还坐拥CEO的支持。也由此，上一章我们重点解析了"HRD如何提高组织领导力"的关键因素。本章，我们继续围绕"敬业度"展开，剖析一下领导力以外的其他因素。

我之所以用"敬业度"收尾，原因是情商这项软技能最终落地并赋能的，就是HRD和CEO们共同关注的——敬业度，所以，情商力可谓你的职场硬核武器。

那么，令无数HRD绞尽脑汁亦很难提高的敬业度，到底如何通过这项硬核武器产生质的飞跃呢？上一章的领导力显然是关键因素之一，其二就是本章要突出的关键因素——情绪资源。

什么是情绪资源呢？我分享一个在2022年跨年演讲中的经典

故事——客服行业的"潜规则"，你来体验一下这个词的魅力。

要知道在跨年演讲中，听到罗胖一提到"客服"两个字，我的耳朵就立刻竖了起来，毕竟，14 年的职业培训生涯中，客服可是我的"拿手菜"，所以我对他分享的这个故事特别感兴趣。虽然听完我发现他的切入点和我日常生活中所关注的正好相反，但其背后的精髓竟如此一致。他的故事是这样的：

"今年，一个客服专家给我讲了一个行业秘密。当你不得不投诉的时候，怎么给客服打电话才能达到自己的目的？教你一句话，就是对客服说'我知道你特别不容易，我的事给你添麻烦了'。当你说出这句'咒语'，对面焦头烂额的客服会立即'调转枪口'，转换立场，跟你站在一头，拿出公司授权他做主的客服政策，全心全意帮你解决问题。"

我当时听完以后的第一反应是：哈哈，太漂亮了，这是一位妥妥的高情商的消费者呀！所以，这个故事的切入点是消费者，而我做培训的切入点是客服，但事实上我们异曲同工之处在于：都在用高情商的同理心与对方进行同频的沟通。

我培训时会跟客服解析，为什么"别着急，您慢慢说"这句话效果很糟糕，而高情商的开场白是"我知道您一定很着急，我会尽心为您解决"。你再来看，罗胖这个故事中，高情商消费者的开场白是"我知道你特别不容易，我的事给你添麻烦了"，妥妥地站在对方的角度，表达对方的感受！价值何在？击中对方的情绪，赢得对方的信任，然后好好说事。所以，情绪是一种资源，它能为结果提供价值。敲黑板：**情绪资源的价值就是击中对方的情绪，赢得对方的信任，问题便能迎刃而解。**

因此，这个故事绝不仅仅是说明，消费者或客服应该如何高情商地为对方提供情绪价值，它更说明了怎样的职场"潜规则"呢？借用罗胖演讲中的原话作为本章开篇的结语：老板们请注意了，不是你给客服人员发了工资，他就是你的人。事实上，谁给他提供情绪价值，他就是谁的人。**这个世界一直在犒赏那些，用情绪资源支撑他人的人。**

# 如何从组织内部挖掘情绪资源

请你带着这些问题阅读

·除了加薪和团建，还有哪些不花钱的方式，可以提供情绪价值？

·在你的职业生涯中，一次记忆深刻、成就感满满的经历是什么？

·你是否用情绪资源支撑过自己的下属，那是一种怎样的体验？

2020 年有一部非常棒的抗疫连续剧《在一起》，其中一段只有两分钟、两个人的画面，虽只有一个人有台词，但感人至极。全程在说话的人，是在 ICU 病房里身着防护服的军医；而没有台词、情绪和表情异常跌宕起伏的人，是一位插着管、无法说话、全身扭动的危重病人。

"庄诚，你千万不要动啊，我跟你说，你现在刚插完管，这些不舒服都是正常的知道吗？你一定要配合我们的工作，千万不要再乱动了，这样对你的恢复没有好处，知道吗？"但是病人还是痛苦地扭动着。

"老兵，我给你讲一个故事好不好？"（病人闭着眼微弱地点点头）"你知道我为什么要当兵吗？都是因为你们。"（病人微微睁开眼睛，身体不再扭动）"都是因为你们！汶川地震的时候，那时我还小，我那时候就每天看电视，我就隔着屏幕，我都能感受到他们的恐惧。"（病人的眼睛睁得更大了，看着医生）医生的声音开始有些颤抖："你知道吗？就是在这个时候，我看到一群穿着军装的叔叔冲了进来，冲进了灾区，在石头堆里，把每一个人都救了出去。"（病人一动不动地听着，眼泪滑落）"就是那个时候，我觉得你们全部都是英雄，英雄，你知道吗？不管有多危险，你们都没有抛下任何一个人。就是从那个时候开始，我就下决心我也要成为一名军人。所以这次任务，我一直告诉自己一定要向你们学习，不能被这病毒打倒。"（病人安静地躺在病床上，眼泪继续流着，嘴唇轻微颤动着）

医生的情绪也越来越激动了："你经历过汶川救援，那个时候你都没有放弃，这次小小的病毒，你也不能放弃自己，知道吗？你一定要振作起来，不能放弃，我们也不会放弃你们任何一个人的，任何一个人我们都不会放弃的！"病人平静又激动地点了点头。

医生的第一段台词是最常见的就事论事：你要好好配合、不能乱动，但没有效果；医生之后的台词是不常见的情绪共鸣：当年我被汶川救援军队激励而从军，现在我也会如当年你一样，绝不放弃你。效果出奇得好，这就是用情绪资源支撑他人的惊人效用！

你看，医生不但要输出专业，还要输出积极的情绪价值，那么，作为管理者尤其是 HRD，在输出专业管理的同时，是不是同样也应该输出情绪价值呢？

## "三色球"探秘员工情绪的故事

"情绪资源"如此有价值，那么，我们如何在组织内部做有效挖掘呢？我再分享一个罗胖在跨年演讲中的故事：有这么一家公司，人不多但高层一直思考一件事，就是怎么能让员工上班时心情好一点？他们给每个员工发了一袋玻璃球，玻璃球有三种颜色，分别是红色、黄色和蓝色。每天下班的时候，员工可以根据自己的心情，向本部门的瓶子里投入一颗球。高兴就投红色的，一般就投黄色的，沮丧就投蓝色的。全凭自愿，也没人会盯着看员工投不投。第二天早上，高管发现哪个部门的蓝色球比平时多，就会跟这个部门的主管谈一谈，看看发生了什么，需要解决什么。

据说就因为这么一个小小的设计，公司的士气一下子提高了很多，因为员工感受到公司真的是在关心人。以前所有的职场"鸡汤"都是在教员工不要有情绪，要学会管理自己的情绪，好像有了情绪就不够职业化，但这个动作，把管理升级到了对员工的情绪负责。敲黑板：**员工有情绪不可怕，可怕的是，员工被要求不能有情绪！**

当时我听完这个故事，不禁发出啧啧赞叹！这家公司的 HRD 一定有非常高的情商，他非常清楚地知道情绪的价值，因为**管理者越为员工的情绪负责，就越有机会将负面情绪的危机转化为情绪资源**，于是，士气高昂的团队自然会拿出漂亮的 KPI 成绩单。这也佐证了之前我分享过的一个观点：管理学家多年前就把情商誉为"企业的情绪生产力"。

因此，作为现在或未来的 HRD，你是否已启动了"情绪资源"的思维按钮呢？其实，"三色球"只是一种方式，关键在于如何开始真正关注"人"的感受，毕竟，对敬业度 Q12 已不陌生的你，很清楚地知道 Q3 ~ Q12 全都是基于感受而设计的，所以这再一次从理论的高度印证了感受，也就是情绪的价值。

也许，你可以发起 HR 部门或跨部门的工作坊，主题就是"哪些方式是员工需要的关怀"，试试看，惊喜很有可能随之而来。

## 企业要为员工的生存能力负责

员工需要被关怀，这当然是企业在为员工提供情绪价值，但"被关怀"不仅仅指的是嘘寒问暖和点赞认可，事实上，与员工的职业发展相关的话题也很重要，比如，当下的工作技能和未来的进步空间。

德勤公司在 2021 年发布的《全球人力资本趋势报告》里有一句提醒：企业要为员工的生存能力负责。要知道，这里的"生存能力"不仅指的是员工在这家企业的生存能力，更是他在整个社会乃至整个职业生涯里的生存能力。因此，HRD 更应该思考这样一个问题：如何为员工的生存能力负责？

据说，得到公司有一个"向下周报"的惯例，这就是一个高情商的员工关怀范例。管理者要向员工做汇报，可不能敷衍了事地走流程，除了铆足了劲儿与平行部门暗暗较劲以外，"本周我又协助大家解决了哪些问题"必然是一个躲不开的话题。所以，当管理者开始关注"协助员工解决问题"这个点，他们其实就在为员工与岗位技能相关的生存能力负责。

另一家在"员工生存能力"方面同样负责、甚至更操心的公司，当属海底捞了。海底捞不光关注员工在火锅店内的职业技能和管理路径的发展，连员工在火锅店外的生活起居都被照顾得淋漓尽致。最让我感动的是，HR 会专门安排一堂课，教员工们在大城市如何坐地铁、充值交通卡，他们不希望来自四五线城市的员工，因为不懂得大城市的规矩而遭人白眼，他们在各个细节为员工提供了情绪价值。

那么，我作为非人力资源专业的情商导师，给 HR 伙伴们的建议是什么呢？请更加关注员工在岗位技能以外的、与通用技能相关的生存能力，比如通用技能中的情绪力和沟通力，决定着员工每一刻真实的情绪状态。HRD 又如何能有效支持员工呢？尤其是，当员工内心翻江倒海却不敢向上表达时，他们往往有一种"生不如死"的感受，所以，"艰难时刻的合理表达"，这几乎是所有职场人的关键生存能力。

## 向下管理篇——年末谈话之员工篇

年末谈话可谓每个职场人的重头戏，在第四章"向下管理"中，我的切入点是管理者，现在我必须切换一个角度：如果管理者的情商原地踏步，那么，年末谈话中一肚子不爽的员工，是否有能力逆袭谈话呢？我相信95%以上的员工都不具备这样的能力，**大部分人要么委屈自己、默默离开老板的办公室；要么"拍死"老板、英勇就义般地离开公司。**所以，怎样的合理表达是HRD应该教会员工的关键生存能力呢？

### 1. 高情商应对工作差评

如果在年末谈话中，老板基本都在给差评，请这样回应："老板，听到这些我有点惊讶，我感觉这一年以来您对我的工作相当不满，是这样吗？"员工很有可能会听到老板的反馈是"也不是啊，其实你在……方面还不错"，如此，员工有机会获得一个更全面的评价。因为很多管理者都没有训练过情商力，他们往往认为"好的不需要说，这是应该的，要说的肯定都是需要提升的"。

当然，员工也有可能听到的反馈与之相反，那么，就更应该好好跟老板聊聊如何提升相关能力。**说出自己的感受和原因，这样的沟通远比憋着不说要有效得多，但HRD们请记住，95%以上的员工的这项能力都是缺失的。**

### 2. 高情商应对模棱两可

如果员工提出升职加薪，而老板的反馈是："嗯，你说得很好，我也觉得你很不错，但是呢……"这时候，员工多半就不吭声了，因为此刻员工的解读是"没戏了"。

但其实，员工完全可以做一个高情商的表达："老板，刚才您说的这几点，好像是对我的不满，我听完是有点失落的，所以我想跟您确认一下，您说的这几点，是想表达对我晋升需求的否定，还是对我这个晋升目标的期望呢？"

包括前文中讲过的"向下管理"中的那个案例，老板给了一系列"灵魂拷问"，直到员工说"我回去思考一下"。其实，这位员工根本不知道从何思考，他唯一的感受就是：老板不断问我如何保住现有岗位，就是要开掉我啊！但其实，他可以勇敢地表达出来："老板，听到您两次以上问我这个问题，我真的很忐忑，我感觉您似乎觉得我不怎么胜任现有岗位，所以我想跟您确认一下，您是这个意思吗？"

说出自己的感受并与对方确认自己的理解，这就是合理表达情绪，而这种勇气和能力，真正掌握的人寥寥无几。**很多人都会陷入情绪内耗，表面上风轻云淡，内心却波澜起伏，其结果就是工作效率低下，甚至频频出错。**所以，这就是 HRD 应该推动员工所具备的关键生存能力，也是为员工的职业发展所提供的情绪资源。

## 可 E 姐给你划重点

·管理者越为员工的情绪负责，就越有机会将负面情绪的危机转化为情绪资源，于是，士气高昂的团队自然会拿出漂亮的 KPI 成绩单。

·与通用技能相关的生存能力，HRD 如何有效支持员工呢？尤其是，当员工内心翻江倒海却不敢向上表达时，他们往往有一种"生不如死"的感受，所以，"艰难时刻的合理表达"几乎是所有职场人的关键生存能力。

·说出自己的感受并与对方确认自己的理解，这就是合理表达情绪，而这种勇气和能力，真正掌握的人寥寥无几。很多人都会陷入情绪内耗，表面上风轻云淡，内心却波澜起伏，其结果就是工作效率低下，甚至频频出错。

如果你想获得本书的所有金句和模型，请关注公众号：可 E 研习院，并回复"新书"，即可获得本书精华合集。

# 如何从敬业度 Q12 撬动情绪资源

**请你带着这些问题阅读**

· 如果你作为员工参与敬业度 Q12 的问卷，你预估自己的平均值能有多少分？

· 在德勒发布的《2019 年全球人力资本趋势报告》中，你猜全球低敬业度百分比是多少？

· 敬业度这种东西除了让管理者和组织买单，你觉得还有哪些方式能有效提高？

以前很流行一个词：主人翁精神。后来这个词慢慢淡出我们的脑海，因为它曾经高频地出现在各类领导们的报告中，但其实它完全可以不仅仅只停留于报告中的口号。

说白了，分内的事抢着干、分外的事也愿意干，这就是高敬业度的表现。但事实是，据《2019 年全球人力资本趋势报告》调查数据显示，全球 85% 的员工不敬业或非常不敬业，这个数字与 2013 年盖洛普 Q12 的全球 13% 高敬业度可谓如出一辙。

还有几个"扎心"的数据我必须和 HR 伙伴分享，德勤的报告中还显示：只有 5% 的受访者认为他们的人力资源部门很好地满足了全职员工的需求；只有 32% 的受访者认为员工有机会在不同部门间流动；45% 的受访者表示员工难以获得公司内部的空缺职位；而 46% 的受访者认为管理者会抵触内部人才流动，同时，只有 6% 的企业表示他们认为自己非常善于帮助员工进行内部转岗。

德鲁克说：人不是工具，人是目的。但很多企业却将员工锚定为提升敬业度的工具，所以，如本书前序的相关章节所述，只有管理者和组织真正倾听员工的心声，才是员工敬业度真正得到提升的时刻。当然，收官章节，我作为情商导师将会翻转视角，用一个全新的角度撬动敬业度。

之前解析的敬业度 Q12，我是从管理者角度出发而设计的，我坚定不移地认为：管理者的领导力与员工的敬业度正相关。但是这并不意味着员工无须买单，客观地说，组织内部的任何人都应该为敬业度负责，这也是我在非管理层培训中的一个切入点，很多 HRM 和 HRD 后来给我反馈说"这个角度更加耳目一新"！

## 全员敬业度培训时的情商切入点

1. 我知道工作对我的要求吗？

2. 我有做好我的工作所需要的材料和设备吗？

3. 在工作中，我每天都有机会做我最擅长做的事吗？

4. 在过去的七天里，我因工作出色而受到表扬吗？

5. 我觉得我的主管或同事关心我的个人情况吗？

6. 工作单位有人鼓励我的发展吗？

7. 在工作中，我觉得我的意见受到重视吗？

8. 公司的使命目标使我觉得我的工作重要吗？

9. 我的同事们致力于高质量的工作吗？

10. 我在工作单位有一个谈得来的朋友吗？

11. 在过去的六个月内，工作单位里有人和我谈及我的进步吗？

12. 过去一年里，我在工作中有机会学习和成长吗？

**员工心声的背后**

伯乐少~

你当真是千里马？

不敬业~

都是管理层的错？

**员工篇**

图 8-1　盖洛普敬业度调研 Q12（员工篇）

　　全员培训时，我仍然会先从领导力和敬业度正相关的角度进行梳理，此时必然会得到员工们的一致认同：老师说得太对了，管理者就是应该为敬业度买单！不过，我也会抛出另外一个问题：敬业度低真的都是管理层的错吗？于是，我再次深入剖析敬业度 Q12 中的两个问题，马上就让全员获得不一般的启发。

## Q3：在工作中，我每天都有机会做我最擅长做的事吗？

显然，站在员工的角度都非常希望在此项上得到高分，毕竟，每个人最理想的职业状态，就是做自己喜欢又擅长的事。这个观点得到大家的认同后，我会提出这样两个问题：你知道自己喜欢又擅长做什么吗？如果你知道自己的擅长点，请问你有没有表现给老板看呢？

第一个问题多半会令绝大多数的员工沉默，为什么呢？以我过往与诸多职场人互动的经验，我发现大部分人都知道自己不喜欢、不擅长做什么，但自己喜欢、擅长的是什么，大概率是不知道的。因此，我常常追问学员一个更"扎心"的问题：**如果你自己都不知道喜欢或擅长做什么，那你的老板又凭什么知道呢？**

至于第二个问题更是会让很多员工沉默，随即一个更重要的启发是：**很多人都感叹自己是一匹没有遇到伯乐的千里马，但管理者更感慨的是，这个世界上也没几匹千里马让我发现啊！**

所以，单是 Q3 这一个问题，你此刻会发现，对管理者和员工来说，他们分别应该扪心自问的问题是不一样的。

于管理者而言，每个人都知道应该知人善任，但这四个字的前提是清晰地了解并欣赏员工，而这一关，坦白地说已经刷掉了 80% 的管理者。

于员工而言，Q3 这个问题同样重要，因为发现自己的所长，并非管理者单方面的责任，所以请用积极的眼光寻找并展示自己的长项，而非用抱怨来"躺平"。

## Q7：在工作中，我觉得我的意见受到重视吗？

每一个职场人都很希望自己得到领导的重视，所以当自己的意见不被重视时，人本能地就会产生很沮丧的心情，并认为领导听不进意见就是一言堂。坦白地说，从我个人角度是认同这种观念的。所以，在情商领导力的培训中，我的重点就是让管理者提升聆听、赞赏、异议处理和化解分歧的能力。但是反过来，在全员培训中，我会问大家这样一个问题：**如果你的意见没有受到老板的重视，这是不是说明你提意见的方式需要改进呢？**

顺着这个"灵魂拷问"，我们往往会剖析现场的实际案例，最后，大家会得到一个启发：员工总是认为管理者应该有格局、有气度，所以无论你有没有情绪，也别介意我用什么样的方式提意见。总之，我的意见提得对，老板你就应该重视或采纳，而你现在不重视，那只能说明你太小气、没格局！

这个推论过程看似没毛病，但实则有一个大毛病：你的意见提得对，但你提意见的方式却让你的老板很不满，那他就不愿意采纳，因为他作为正常人多半就会受到情绪的干扰，这就是人性！

当员工意识到自己常常对管理者有着不合理的期待，他们才真正愿意改变自己提意见的方式，期待自己拥有"敢说而不得罪人"的能力。如此一来，员工有能力表达和管理者不一样的想法，但又不会破坏与管理者的关系。即便管理者的情商原地踏步，但因为员工的情商力提升了，意见被管理者采纳的概率和重视度也提升了。如此，**敬业度完全可以由员工亲手开启正循环，而非坐等管理者来启动按钮。**

## 二、高情商 HRD 如何撬动情绪资源

即将进入阅读的尾声，不知道此刻的你，内心有哪些感受？我虽不敢说你会有醍醐灌顶的感觉，但从高情商视角得到新的启发你一定会有。因此，作为现在或未来的 HRD，你如何提高组织的敬业度呢？还是那句话，无需将 Q12 做内部调研，但每一个人要从自己的角度去思考：敬业度大概率得分不高，自己应该如何去改善。比如，站在管理者的角度，需要思考的是，如果某一题的分数不高，说明自己应该提升哪方面的领导力；作为员工需要思考的是，自己应该如何高情商地展现自己，而非阿谀奉承式地巴结上司，从而更容易获得自己真正想要的赏识、认可、关心和重视。

### 案例背景

我的一位私教学员是某集团公司的市场部总监，2021年10月底，他向我紧急求助：老师，今晚要临时约您一次辅导，因为下午我被老板赶出了会议室！于是，深夜 23:00 落地深圳后，我在出租车上和他开展了对话：

"老板当时的原话是'你们两个出去，我不想跟你们开会了，你们惹得我非常不高兴'，'你们两个'指的是我和事业部总经理，他怎么惹着老板了，其实我不清楚，因为当时

我接了一个客户电话，所以我晚进了会议室。可我们是在讨论战略、讨论策略啊，他居然让我们两个最核心的人出去了。我本以为缓一缓，老板就会让我们进去，结果一小时后居然散会了。你看，我老板是不是真的很情绪化？"

"这么听上去她确实挺情绪化的，不过我更理解你的郁闷，那你跟我说说，你是因为什么被赶出去的呀？"

"老板听了一个课程，然后就突发奇想说：'你们市场部应该对品牌负责，以后每个品牌的折扣率应该由你们来监控。'我心想：开什么玩笑，各个品牌的折扣率和促销活动，都是一线业务部门自己来定的，我们市场部只是支持部门好不好？所以我就说：'市场对品牌的折扣率负责有一定的道理，但是KPI的考核还是应该跟职能与权限挂钩。'唉，她一听就'炸'了！"

**案例解析**

老板为什么听完这句话后就"炸毛"了呢？"市场对品牌的折扣率负责有一定的道理，但是KPI的考核还是应该跟职能与权限挂钩"，这句话的潜台词就是，"品牌折扣率"这个职能不属于市场部，市场部也没有这个权限，所以，这项KPI与我无关！这样看来，老板不怒才怪啊。

我当时跟这位学员解析："'但是'这个词特别容易'点爆'他人，尤其是你老板这种'易燃易爆'型的人，我概括一下你说的话，'老板你说得对，但是……是不对的'，那你老板听到的是不是你在反驳她？而且，她听完你的话会有一种'踢皮球'的感觉，所以在沟通中，你要察觉到哪一些话会'点爆'别人，也就是你要对情绪变得敏锐。"

他非常认同并好奇地问我，到底应该怎样调整沟通方式，但我却卖了个关子，问他："你有没有发现自己面对老板时，特别容易有情绪呢？"

"对啊，我为什么总是很容易跟老板'杠'，但跟平级和下属却不太会呢？"

"我猜想，那是因为你觉得老板根本不懂市场，却总是来指手画脚，特别是出去一听课就回来'搞'你们，对不对？"

"哈哈哈，老师，你简直就是说出了我的心声啊！"

"所以，调整沟通方式之前一定是先调整情绪，首先，如果老板很懂市场，那她为什么还需要你呢？其次，她指手画脚因为什么？是对你不信任，还是更多因为集团扩张而压力大？"

顺着这个问题，这位学员表达了很多对老板的理解甚至赞赏，毕竟，50 多岁的女性掌管着诸多子公司的集团，她仍保持旺盛的学习力很不容易。最后，我跟他分享了高情商沟通方式："关于市场对品牌的折扣率负责，我的第一反应是，如果市场部要来规划各个品牌的折扣，那我其实已经插手每个品牌的业务了，但是从专业的角度，我觉得是有道理的，所以如果要让市场部来负责的话，那很有可能公司从大的方向上，也就是前端业务部和后端市场部的职权划分，要做一些新的讨论。老板，您认为呢？"

他听完惊呼："这段话太精准了，而且感觉完全不一样！这样说的话老板肯定不会生气，我知道什么是先抑后扬的'但是'了。"

## 案例小结

我最后提醒他："你知道吗？不管你是对老板还是对同事，其实那样的说话方式都很容易引发情绪的冲突，因为'过招'的时候听来听去，就是你不认同我、我也不认同你，反正我们都不认同彼此，所以，除了'杠'似乎别无选择。"

那么，这个案例与本节的重点，尤其是与敬业度 Q7 的关联，显而易见就是：意见不被重视，既是上司的问题，也是下属的问题。犹如市场总监和老板的冲突，上司的问题是太情绪化而听不进不同意见，下属的问题是直言不讳地反驳了老板。高情商的话语可以令任何一方启动正循环而带来双赢的结果，这也是 HRD 未来发现问题，并能够推动双方进行的自我提升，而所有的这些改变都源于你撬动了情绪资源——要么主动调整而不被情绪所困，要么对情绪敏锐而不困住他人。

你看，这样带动大家都从自己的角度去思考问题，并找到各自的提升空间，**不再如以往一样，要么抱怨员工不给力，要么抱怨上司不豁达，那么，敬业度 Q12 就有机会让每一个人为自己负责。**

其实，Q12 的每一个问题都是从情绪角度出发的，针对员工的感受而倒推他们工作的状态，所以，当 HRD 不再只关注事件，而更将情绪视为一种资源并双向去撬动它，它就会为组织创造惊人的价值。

## 可 E 姐给你划重点

·员工总是认为管理者应该有格局、有气度，所以无论老板有没有情绪，也别介意我用什么样的方式提出问题，总之，我的意见提得对，老板你就应该重视或采纳。但是对不起：你的意见提得对，但提意见的方式让你的老板很不满，那他就不愿意采纳，因为他作为正常人多半就会受到情绪的干扰，这就是人性！

·其实，Q12 的每一个问题都是从情绪角度出发，针对员工的感受而倒推他们工作的状态，所以，当 HRD 不再只关注事件，而更将情绪视为一种资源并双向去撬动它，它就会为组织创造惊人的价值。

如果你想获得本书的所有金句和模型，请关注公众号：可 E 研习院，并回复"新书"，即可获得本书精华合集。

# 结 语

## 一位持续"飘红"的 HRD 的职场心得

我身边有这样一位外企中国区的 HRD，她拥有 18 年的 HR 职业历程，从默默无闻地"歪打正着"，到功成名就地"退隐江湖"，靠的就是情商力的一路"打怪升级"。她的第一份与 HR 沾边的工作是内部杂志，也就是企业文化的梳理，渐渐地开始接触招聘、薪酬、内部授课和员工关系等工作项目。稳坐中国区 HRD 已有 8 年，眼看就能晋升亚太区 HRD 了，她却于 2021 年中离职，选择了回归家庭一段时间再整装待发。

她职业历程真正的转折点，是 2008 年去英国进修了人力资源的硕士学位，但重点不是英国，也不是硕士，用她的原话来说就是："以前我只关注如何把事做好、令老板满意，但这之后我开始关注'人'，更重要的是，每个人在企业内部的生存状况。以前我很霸道，也就是别人说的一言堂，但后来我慢慢开始变得柔和，现在他们说我很有亲和力。"

我特别欣赏她说的"生存状况"，这其间蕴含了很多与员工情绪有关的画面，若用敬业度标准定义的两个关键词解释，一是智力，二是情绪，而在企业内部，最难把控的就是员工的情绪，所以，当她开始关注"人"以后，她越来越重视的就是每一个人的情绪状态：全员是否都获得了充分的工作条件、有效的工作技能、良好的人际关系、持续被激励的氛围、螺旋式上升的成长空间……

我也期待这本书，在这些维度能给你足够多的启发，让你有动力、有方法地赋能组织中管理层的情商领导力，并撬动情绪资源来提高全员的敬业度。